[illegible]

DIALOGUES DES MORTS

ANCIENS ET MODERNES,

AVEC

QUELQUES FABLES.

COMPOSEZ

POUR L'EDUCATION D'UN PRINCE.

Par feu Messire FRANÇOIS DE SALIGNAC DE LA MOTTE-FENELON, *Précepteur de Messeigneurs les Enfans de France, & depuis Archevêque-Duc de Cambrai, Prince du Saint Empire, &c.*

TOME PREMIER.

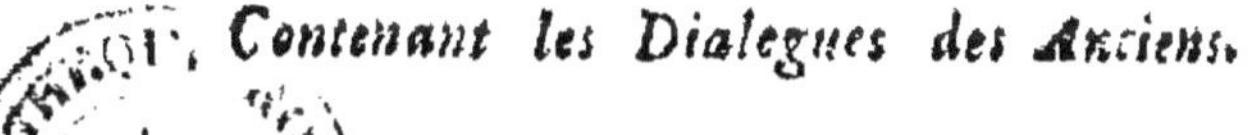

Contenant les Dialogues des Anciens.

A PARIS,
Chez FLORENTIN DELAULNE, rue saint Jacques, à l'Empereur.

M. DCCXVIII.

Avec Approbation & Privilege du Roy.

des forces de l'homme, & que c'étoit par elle ſeule qu'un Roi pouvoit arriver à la véritable gloire, & au vrai bonheur.

Le ſtile de ces Dialogues & de ces Fables ſe trouvera diverſifié ſelon que le demandoient les beſoins, les divers goûts, & les humeurs du Prince pour qui on les compoſoit. L'Auteur tantôt ſublime & grave comme Platon, en a toute la force & la ſageſſe; tantôt par un badinage ingénieux, il employe la legereté & la délicateſſe de Lucien. Quelquefois ſimple & naïf il ſe proportionne à l'enfance; d'autres fois noble & élevé, ſes préceptes ſont dignes des plus grands eſprits.

La ſageſſe prend ici toutes les formes : mais elle eſt toujours accompagnée de graces inſinuantes.

Il y a longtems que ce qui compoſe le premier de ces deux Volumes avoit été donné au Public ; mais ſans aveu, d'une maniere très-informe, avec beaucoup d'altération, & un grand mélange de pluſieurs choſes qui n'étoient point de l'Auteur. On a rétabli le tout ſur ſes Originaux, & on y a ajoûté ce qui compoſe le ſecond Volume, qui n'avoit jamais paru ; à l'exception des Avantures d'Ariſtonoüs, dont on a cru que c'étoit ici la place.

Errata du Tome I.

PAge 34. *ligne* 16. *au lieu de* Telemaque, *lisez* Telegone.
P. 38. *l.* 11. *lis.* il ne me faut.
P. 63. *l.* 6 *lis.* les rendre *l.* 15. *lis.* vous eussiez.
P. 69. *l.* 20. *lis.* Je crois même.
P. 83. *l* 15. *lis.* & sur.
P. 108. *l.* 21. *lis.* elles ont.
P. 114. *l.* 10. *lis.* comme vous l'avez esté. *l.* 18. *lis.* un tel Philosophe.
P. 115. *l.* 18 *lis.* de vraie vertu.
P. 116. *l.* 13. *lis.* la Loy.
P. 118. *l.* 5. & 6. *lis.* qui en compte pour rien la vie & le repos.
P. 119. *l.* 14. *lis.* homme, mais antropophage.
P. 125. *l.* 2. *lis.* faire regner.
P. 138 *l.* 22. *lis.* les formes les plus.
P. 40. *l.* 10. *lis.* âpre &.
P. 143. *l.* 15. *lis* Mais puisque.
P. 145. *l.* 11. *lis.* par le vice que par la vertu.
P. 157 *l.* 4. *lis* caractere d'un beau naturel.
P. 159, *l.* 7. *lis* du Roy Agis
P. 182. *l.* 16. *lis.* ordres a merité.
P. 197. *l.* 15. *lis.* trouviez.
P. 218. *l. penultieme*, *lis.* Mais est-il vray.
P. 232. *l.* 8. *lis.* j'ai faites.
P. 248. *l.* 3. & 4. *La ponctuation est mauvaise*, *lis. ainsi* de Philippe, n'étant qu'un simple citoyen fils d'un artisan. J'aimois.
P. 256. *l.* 9. *lis.* sa liberté.
P. 262. *l.* 11. *lis.* contre toute raison.

P. 264. *l.* 19. *lis.* Ainsi vous.
P. 266. *l.* 4. *lis.* on ne puisse, *l.* 8. *lis.* le veux
P. 269. *l.* 8. *lis.* la méconnoître.
P. 302. *l.* 22. *lis.* sous Manius Acilius.
P. 316. *l.* 6. *lis.* à notre conference.
P. 322. *l.* 6. *lis.* je n'aurois.
P. 324. *dans l'argument l.* 2. *lis.* les hommes corrompus.
P. 327 *l.* 12. *lis.* Pouriez-vous.
P. 339. *l.* 2. *lis.* tu le.
P. 344. *l.* 9. *lis.* les lâches, *l. derniere*, *lis.* à flatter un.
P. 347. *l.* 15. *lis.* vous-même, vous.
P. 359. *l.* 18. *au lieu de* spectacles *lis.* sportu-les.
P. 362. *l.* 19. *au lieu de* n'épargner, *lis.* ne payer.
P. 380 *l.* 7. *au lieu* d'honneur, *lis.* d'horreur.
P. 385. *l. derniere*, *lis.* des Vœux.

TABLE
DES DIALOGUES
contenus dans ce premier Volume.

Fin de la Table.

DIALOGUES DES MORTS COMPOSEZ POUR L'EDUCATION D'UN PRINCE.

I. DIALOGUE.

MERCURE & CARON.

L'on voit ici comment ceux qui sont préposez pour l'éducation des Princes, doivent travailler à corriger leurs vices naissans, & à leur inspirer les vertus de leur Etat.

CARON.

'Où vient que tu arrives si tard ? Les hommes ne meurent-ils plus ? Avois-tu oublié les aîles de ton bonnet ou

de ton chapeau ? T'es-tu amusé à dérober? Jupiter t'avoit-il envoyé loin pour ses amours ? As-tu fait le Sosie ? Parle donc si tu veux.

MERCURE.

J'ai été pris pour dupe. Car je croyois mener dans ta Barque aujourd'hui le Prince Pierochole ; ç'eût été une bonne prise.

CARON.

Quoi ? si jeune.

MERCURE.

Oüi si jeune, il se croyoit bien malade, & crioit comme s'il eût vû la mort de bien près.

CARON.

Hé bien l'aurons-nous ?

MERCURE.

Je ne me fie plus à lui. Il m'a trompé trop souvent. A peine fut-il dans son lit qu'il oublia son mal & s'endormit.

CARON.

Mais ce n'étoit donc pas un vrai mal ?

MERCURE.

C'étoit un petit mal qu'il croyoit grand. Il a donné bien des fois de telles allarmes. Je l'ai vû avec la colique, vouloir qu'on lui ôtât son ventre. Une autre fois seignant du nez, il croyoit que son ame alloit sortir dans son mouchoir.

CARON.

Comment ira-t-il à la guerre ?

MERCURE.

Il la fait avec des échecs sans mal & sans douleur ; il a déja donné plus de cent batailles.

CARON.

Triste guerre ! il ne nous en revient aucun mort.

MERCURE.

J'espere pourtant que s'il peut se défaire du badinage & de la molesse, il fera grand fracas un jour. Il a la colere & les pleurs d'Achille. Il pourroit bien en avoir le courage. Il est assez mutin pour lui ressembler. On dit qu'il aime les Muses, qu'il a un Chiron, un Phenix.

CARON.

Mais tout cela ne fait pas notre compte. Il nous faudroit plûtôt un jeune Prince brutal, ignorant, grossier, qui méprisât les lettres, qui n'aimât que les armes, toujours prêt à s'enyvrer de sang, qui mit sa gloire dans les malheurs des hommes. Il rempliroit ma Barque une fois par jour.

MERCURE.

Ho, ho, il t'en faut donner de ces Princes, ou plûtôt de ces monstres affamez de carnage. Celui-ci est plus doux. Je croi qu'il aimera la paix & qu'il sçaura faire la guerre. On voit en lui les commencemens d'un grand Prince, comme on remarque dans un bouton de rose naissante, ce qui promet une belle fleur.

CARON.

Mais n'eſt-il pas boüillant & impétueux ?

MERCURE.

Il l'eſt étrangement.

CARON.

Que veux-tu donc dire avec tes Muſes ? Il ne ſçaura jamais rien : Il mettra le deſordre par tout, & nous envoyera bien des ombres plaintives. Tant mieux.

MERCURE.

Il eſt impétueux ; mais il n'eſt point méchant. Il eſt curieux, docile, plein de goût pour les belles choſes. Il aime les honnêtes gens, & ſçait bon gré à ceux qui le corrigent. S'il ſurmonte ſa promptitude & ſa pareſſe, il ſera merveilleux, je te le prédis.

CARON.

Quoi ! prompt & pareſſeux. Cela ſe contredit. Tu rêves.

MERCURE.

Non, je ne rêve point, il eſt prompt à ſe fâcher & pareſſeux à remplir ſes devoirs, mais chaque jour il ſe corrige, & il eſt réſervé pour de grandes choſes.

CARON.

Nous ne l'aurons donc pas ſitôt ?

MERCURE.

Non, ſes maux ſont plûtôt des impatiences que de vrayes douleurs. Jupiter le deſtine à faire longtems le bonheur des hommes.

II. DIALOGUE.

HERCULE & THESE'E.

Les reproches que se font ici ces deux Heros en apprennent l'histoire & le caractere d'une maniere courte & ingenieuse.

THESE'E.

HErcule, tu me surprends: je te croyois dans le haut Olympe à la table des Dieux. Le bruit couroit que sur le Mont Oeta, le feu avoit consumé en toi toute la nature mortelle que tu tenois de ta mere, & qu'il ne te restoit plus que ce qui venoit de Jupiter. Le bruit couroit aussi que tu avois épousé Hebé, qui est de grand loisir, depuis que Ganimede verse le Nectar en sa place.

HERCULE.

Ne ſçais-tu pas que ce n'eſt ici que mon ombre ?

THESE'E.

Ce que tu vois n'eſt auſſi que la mienne. Mais quand elle eſt ici je n'ai rien dans l'Olympe.

HERCULE.

C'eſt que tu n'es pas comme moi fils de Jupiter.

THESE'E.

Bon ! Ethra ma mere, & mon pere Egeus n'ont-ils pas dit que j'étois fils de Neptune ; comme Alcmene, pour cacher ſa faute pendant qu'Amphitryon étoit au ſiege de Thebes, lui fit accroire qu'elle avoit reçu une viſite de Jupiter ?

HERCULE.

Je te trouve bien hardi de te moquer du Dompteur des monſtres. Je n'ai jamais entendu raillerie.

THESE'E.

Mais ton ombre n'eſt gueres à craindre. Je ne vais point dans l'Olympe rire aux dépens du fils de Jupiter immortaliſé. Pour des monſtres, j'en ai dompté en mon tems auſſi-bien que toi.

HERCULE.

Oſerois-tu comparer tes foibles actions avec mes Travaux. On n'oubliera jamais le Lion de Nemée pour lequel ſont établis les Jeux Nemeaques : l'Hydre de Lerne dont les têtes ſe multiplioient ; le Sanglier d'Erimante ; le Cerf aux pieds d'airain ; les Oiſeaux de Stymphale ; l'Amazone dont j'enlevai la ceinture ; l'Etable d'Augée ; le Taureau que je traînai dans l'Heſperie : Cacus que je vainquis ; les Chevaux de Diomede qui ſe nourriſſoient de chair humaine : Gerion Roi des Eſpagnes à trois têtes ; les Pommes d'or du Jardin des Hesperides Enfin Cerbere que je traînai hors des Enfers, & que je contraignis de voir la lumiere.

THESE'E.

Et moi, n'ai-je pas vaincu tous les Brigands de la Grece ? chassé Medée de chez mon pere, tué le Minotaure & trouvé l'issuë du Labirinthe, ce qui fit établir les Jeux Istmiques ; ils valent bien ceux de Nemée. De plus, j'ai vaincu les Amazones qui vinrent assieger Athenes : ajoûte à ces actions le Combat des Lapithes, le voyage de Jason pour la Toison d'or, & la Chasse du Sanglier de Calidon où j'ai eu tant de part ; j'ai osé aussi-bien que toi descendre aux Enfers.

HERCULE.

Oüi : mais tu fus puni de ta folle entreprise ; tu ne pris point Proserpine. Cerbere que je traînai hors de ſon antre ténebreux, dévora à tes yeux ton ami, & tu demeuras captif. As-tu oublié que Caſtor & Pollux reprirent dans tes mains Helene leur ſœur? Tu leur laiſſas auſſi enlever ta pauvre mere Ethra. Tout cela eſt d'un foible Heros. Enfin tu fus chaſſé d'Athenes; & te retirant dans l'Iſle de Sciros, Lycomede qui ſçavoit combien tu étois accoûtumé à faire des entrepriſes injuſtes, pour te prévenir, te précipita du haut d'un rocher. Voilà une belle fin?

THESE'E.

La tienne eſt-elle plus honorable de devenir amoureux d'Omphale chez qui tu filois, puis la quitter pour la jeune Iole au préjudice de la pauvre Déjanire à qui tu avois donné ta foi? Se laiſſer donner la Tunique trempée dans le ſang du Centaure Neſſus, devenir furieux juſqu'à précipiter des rochers du Mont Oeta dans la mer, le pauvre Lychas qui ne t'avoit rien fait: & prier Philoctete en mourant de cacher ton sépulchre, afin qu'on te crût un Dieu. Cette fin est-elle plus belle que ma mort? Au moins avant que d'être chassé par les Atheniens, je les avois tiré de leurs Bourgs où ils vivoient avec barbarie pour les civiliser & leur donner des loix dans l'enceinte d'une nouvelle Ville. Pour toi tu n'avois garde d'être Legislateur, tout ton mérite étoit dans tes bras nerveux & dans tes épaules larges.

HERCULE.

Mes épaules ont porté le monde pour soulager Atlas. De plus mon courage étoit admiré. Il est vrai que j'ai été trop attaché aux femmes. Mais c'est bien à toi à me le reprocher: toi qui abandonnas avec ingratitude Ariadne qui t'avoit ſauvé la vie en Crete. Penſe-tu que je n'aye point entendu parler de l'Amazone Antiope, à laquelle tu fus encore infidele? Eglée qui lui ſucceda ne fut pas plus heureuſe. Tu avois enlevé Helene; mais ſes freres te ſçûrent bien punir. Phedre t'avoit aveuglé juſqu'au point qu'elle t'engagea à faire périr Hypolite que tu avois eu de l'Amazone. Pluſieurs autres ont poſſedé ton cœur & ne l'ont pas poſſedé longtems.

THESE'E.

Mais enfin je ne filois pas comme celui qui a porté le monde.

HERCULE.

Je t'abandonne ma vie lâche & effeminée en Lydie. Mais tout le reſte eſt au deſſus de l'homme.

THESE'E.

Tant pis pour toi que tout le reſte étant au-deſſus de l'homme, cet endroit ſoit ſi fort au deſſous.

D'ailleurs tes travaux que tu vantes tant, tu ne les a accomplis que pour obéïr à Euristhée.

HERCULE.

Il est vrai que Junon m'avoit assujetti à toutes ses volontez. C'est la destinée de la vertu, d'être livrée à la persecution des lâches & des méchans; mais sa persécution n'a servi qu'à exercer ma patience & mon courage. Au contraire tu as souvent fait des choses injustes. Heureux le monde si tu ne fusse point sorti du labirinthe!

THESE'E.

Alors je délivrai Athenes du tribut de sept jeunes hommes, & d'autant de filles que Minos lui avoit imposé à cause de la mort de son fils Androgée. Helas! mon pere Egée qui m'attendoit ayant cru voir la voile noire au lieu de la blanche, se jetta dans la mer, &

je le trouvai mort en arrivant. Dès-lors je gouvernai ſagement Athenes.

HERCULE.

Comment l'aurois-tu gouverné, puiſque tu étois tous les jours dans de nouvelles expeditions de guerre, & que tu mis par tes amours le feu dans toute la Grece ?

THESE'E.

Ne parlons plus d'amours : ſur ce chapitre honteux nous ne nous en devons rien l'un à l'autre.

HERCULE.

Je l'avouë de bonne foi, je te le cede même pour l'éloquence. Mais ce qui décide, c'eſt que tu es dans les Enfers à la merci de Pluton que tu as irrité, & que je ſuis au rang des immortels dans le haut Olympe.

III. DIALOGUE.

ACHILLE & CHIRON.

Peinture vive des écueils d'une jeunesse boüillante dans un Prince né pour commander.

ACHILLE.

A Quoi me sert-il d'avoir reçû tes instructions? Tu ne m'as jamais parlé que de sagesse, de valeur, de gloire, d'heroïsme. Avec tes beaux discours me voilà devenu ombre vaine : ne m'auroit-il pas mieux valu passer une longue & délicieuse vie chez le Roi Licomede dégui é en fille, avec les Princesses filles de ce Roi ?

CHIRON.

Hé bien, veux-tu demander au destin de retourner parmi ces

filles ? Tu fileras, tu perdras toute ta gloire ; on fera ſans toi un ſecond ſiege de Troye, le fier Agamemnon ton ennemi ſera chanté par Homere. Therſite même ne ſera pas oublié. Mais pour toi tu ſeras enſeveli honteuſement dans les ténebres.

ACHILLE.

Agamemnon m'enlever ma gloire ! Moi demeurer dans un honteux oubli ! je ne puis le ſouffrir, & j'aimerois mieux périr encore une fois de la main du lâche Pâris.

CHIRON.

Mes inſtructions ſur la vertu ne ſont donc pas à mépriſer ?

ACHILLE.

Je l'avouë, mais pour en profiter je voudrois retourner au monde.

CHIRON.

Qu'y ferois-tu cette ſeconde fois ?

ACHILLE.

Qu'eſt-ce que j'y ferois ? j'éviterois la querelle que j'eus avec Agamemnon ; par là j'épargnerois la vie de mon ami Patrocle, & le ſang de tant d'autres Grecs que je laiſſai périr ſous le glaive cruel des Troyens, pendant que je me roulois de deſeſpoir ſur le ſable du rivage comme un inſenſé.

CHIRON.

Mais ne t'avois-je pas prédit que ta colere te feroit faire toutes ces folies ?

ACHILLE.

Il eſt vrai, tu me l'avois dit cent fois ; mais la jeuneſſe écoute-t-elle ce qu'on lui dit ? Elle ne croit que ce qu'elle voit. O ſi je pouvois redevenir jeune !

CHIRON.

Tu redeviendrois emporté & indocile.

ACHILLE.

Non, je te le promets.

CHIRON.

Hé ne m'avois-tu pas promis cent & cent fois dans mon antre de Theſſalie de te modérer quand tu ſerois au ſiege de Troye ; l'as-tu fait ?

ACHILLE.

J'avouë que non.

CHIRON.

Tu ne le ferois pas mieux quand tu redeviendrois jeune; tu promettrois comme tu promets, & tu tiendrois ta promeſſe comme tu l'as tenuë.

ACHILLE.

La jeuneſſe eſt donc une étrange maladie ?

CHIRON.

Tu voudrois pourtant encore en être malade.

ACHILLE.

Il eſt vrai, mais la jeuneſſe ſeroit charmante ſi on pouvoit la rendre modérée & capable de faire des reflexions. Toi qui connois tant de remedes, n'en as-tu point quelqu'un pour guérir cette fougue, ce boüillon du ſang plus dangereux qu'une fiévre ardente ?

CHIRON.

Le remede eſt de ſe craindre ſoi-même, de croire les gens ſages, de les appeller à ſon ſecours, de profiter de ſes fautes paſſées pour prévoir celles qu'il faut éviter à l'avenir, & d'invoquer ſouvent Minerve, dont la ſageſſe eſt au deſſus de la valeur emportée de Mars.

ACHILLE.

Hé bien, je ferai tout cela, ſi tu peux obtenir de Jupiter qu'il me rappelle à la jeuneſſe floriſſante où je me ſuis vû. Fais qu'il te rende aussi la lumiere & qu'il m'assujettisse à tes volontez, comme Hercule le fut à celles d'Euristée.

CHIRON.

J'y consens, je vais faire cette priere au pere des Dieux, je sçai qu'il m'exaucera. Tu renaîtras après une longue suite de siecles avec du génie, de l'élevation, du courage, du goût pour les Muses: mais avec un naturel impatient & impétueux, tu auras Chiron à tes côtez; nous verrons l'usage que tu en feras.

IV. DIALOGUE.

ACHILLE & HOMERE.

Maniere aimable de faire naître dans le cœur d'un jeune Prince l'amour des belles lettres & de la gloire.

ACHILLE.

JE suis ravi, grand Poëte, d'avoir servi à t'immortaliser. Ma querelle contre Agamemnon, ma douleur de la mort de Patrocle, mes combats contre les Troyens, la victoire que je remportai sur Hector, t'ont donné le plus beau sujet de Poëme qu'on ait jamais vû.

HOMERE.

J'avouë que le sujet est beau, mais j'en aurois bien pû trouver d'autres. Une preuve qu'il y en a d'autres, c'eſt que j'en ai trouvé effectivement. Les avantures du ſage & patient Ulyſſe valent bien la colere de l'impétueux Achille.

ACHILLE.

Quoi, comparer le ruſé & trompeur Ulyſſe au fils de Thétis plus terrible que Mars ! Va, Poëte ingrat, tu ſentiras....

HOMERE.

Tu as oublié que les ombres ne doivent point ſe mettre en colere. Une colere d'ombre n'eſt guéres à craindre. Tu n'as plus d'autres armes à employer que de bonnes raiſons.

ACHILLE.

Pourquoi viens-tu me déſavoüer que tu me dois la gloire de ton plus beau Poëme ? L'autre n'eſt qu'un amas de contes de vieilles ; tout y languit, tout ſent ſon vieillard dont la vivacité eſt éteinte, & qui ne ſçait point finir.

HOMERE.

Tu reſſemble à bien des gens, qui faute de connoître les divers genres d'écrire, croyent qu'un Auteur ne ſe ſoûtient pas quand il paſſe d'un genre vif & rapide à un autre plus doux & plus moderé. Ils dévroient ſçavoir que la perfection eſt d'obſerver toujours les divers caracteres, de varier ſon ſtyle ſuivant les ſujets, de s'élever ou de s'abaiſſer à propos ; & de donner par ce contraſte des caracteres plus marquez & plus agreables. Il faut ſçavoir ſonner de la trompette, toucher la lyre, & joüer même de la flûte champêtre. Je croi que tu voudrois que je peigniſſe Calypſo avec ſes Nymphes dans ſa grotte, ou Nauſicaa ſur le rivage de la mer, comme les Heros & les Dieux mêmes combattans aux portes de Troye? Parle de de guerre, c'eſt ton fait, & ne te mêle jamais de décider ſur la Poëſie en ma préſence.

ACHILLE.

O que tu es fier, bon homme aveugle ! tu te prévaux de ma mort.

HOMERE.

Je me prévaux auſſi de la mienne. Tu n'es plus que l'ombre d'Achille, & moi je ne ſuis que l'ombre d'Homere.

ACHILLE.

Ah que ne puis-je faire ſentir mon ancienne force à cette ombre ingrate !

HOMERE.

Puiſque tu me preſſe tant ſur l'ingratitude, je veux enfin te détromper. Tu ne m'as fourni qu'un ſujet que je pouvois trouver ailleurs : mais moi je t'ai donné une gloire, qu'un autre n'eût pû te donner, & qui ne s'effacera jamais.

ACHILLE.

Comment ! Tu t'imagines que ſans tes Vers le grand Achille ne ſeroit pas admiré de toutes les nations & de tous les ſiecles ?

HOMERE.

Plaiſante vanité ! pour avoir répandu plus de ſang qu'un autre, au ſiege d'une Ville qui n'a été priſe qu'après ta mort ! Hé, combien y a-t-il de Heros qui ont vaincu de grands Peuples, & conquis de grands Royaumes ? cependant ils ſont dans les ténebres de l'oubli, on ne ſçait pas même leurs noms. Les Muſes ſeules peuvent immortaliſer les grandes actions. Un Roi qui aime la gloire la doit chercher dans ces deux choſes. Premierement il faut la mériter par la vertu, enſuite ſe faire aimer par les Nourriſſons des Muſes qui peuvent la chanter à toute la poſterité.

ACHILLE.

Mais il ne dépend pas toujours des Princes d'avoir des grands Poëtes. C'est par hazard que tu as conçû longtems après ma mort le dessein de faire ton Iliade.

HOMERE.

Il est vrai, mais quand un Prince aime les Lettres, il se forme pendant son regne beaucoup de grands hommes. Ses récompenses & son estime excitent une noble émulation ; le goût se perfectionne. Il n'a qu'à aimer & qu'à favoriser les Muses, elles feront bientôt paroître des hommes inspirez pour loüer tout ce qu'il y a de loüable en lui. Quand un Prince manque d'un Homere, c'est qu'il n'est pas digne d'en avoir un : Son défaut de goût attire l'ignorance, la grossiereté & la barbarie. La barbarie deshonore toute une Nation & ôte toute espérance de gloire durable au Prince qui regne. Ne ſçais-tu pas qu'Alexandre qui eſt depuis peu deſcendu ici bas, pleuroit de n'avoir point eu un Poëte qui fit pour lui ce que j'ai fait pour toi? c'eſt qu'il avoit le goût bon ſur la gloire. Pour toi tu me dois tout, & tu n'as point de honte de me traiter d'ingrat. Il n'eſt plus tems de s'emporter; ta colere devant Troye étoit bonne à me fournir le ſujet d'un Poëme; mais je ne puis plus chanter les emportemens que tu aurois ici, & ils ne te feroient point d'honneur. Souviens-toi ſeulement que la Parque t'ayant ôté tous les autres avantages, il ne te reſte plus que le grand nom que tu tiens de mes Vers. Adieu. Quand tu ſeras de plus belle humeur, je viendrai te chanter dans ce boccage certains endroits de l'Iliade: par exemple, la défaite des Grecs en ton absence, la consternation des Troyens dès qu'on te vit paroître pour venger Patrocle. Les Dieux mêmes étonnez de te voir comme Jupiter foudroyant. Après cela dis si tu l'oses qu'Achille ne doit point sa gloire à Homere.

V. DIALOGUE.

ACHILLE & ULYSSE.

Caracteres d'Achille & d'Ulysse.

ULYSSE.

BOn jour, fils de Thétis. Je suis enfin descendu après une longue vie dans ces tristes lieux où tu fus précipité dès la fleur de ton âge.

ACHILLE.

J'ai vêcu peu, parce que les

destins injustes n'ont pas permis que j'acquisse plus de gloire qu'ils n'en veulent accorder aux mortels.

ULYSSE.

Ils m'ont pourtant laissé vivre longtems parmi des dangers infinis, d'où je suis toujours sorti avec honneur.

ACHILLE.

Quel honneur, de prévaloir toujours par la ruse ? Pour moi je n'ai point sçu dissimuler, je n'ai sçu que vaincre.

ULYSSE.

Cependant j'ai été jugé après ta mort le plus digne de porter tes armes.

ACHILLE.

Bon, tu les as obtenuës par ton éloquence, & non par ton courage. Je frémis quand je pense que les armes faites par le Dieu Vulcain, & que ma mere m'avoit données, ont été la récompense d'un discoureur artificieux.

ULYSSE.

Sçache que j'ai fait de plus grandes choses que toi. Tu es tombé mort devant la ville de Troye qui étoit encore dans toute sa gloire, & c'est moi qui l'ai renversée.

ACHILLE.

Il est plus beau de périr par l'injuste couroux des Dieux après avoir vaincu ses ennemis, que de finir une guerre en se cachant dans un cheval, & en se servant des mysteres de Minerve pour tromper ses ennemis.

ULYSSE.

As-tu donc oublié que les Grecs me doivent Achille même. Sans moi tu aurois passé une vie honteuse parmi les filles du Roi Lycomede. Tu me dois toutes les belles actions que je t'ai contraint de faire.

ACHILLE.

Mais enfin je les ai faites, & toi tu n'as rien fait que des tromperies. Pour moi quand j'étois parmi les filles de Lycomede, c'est que ma mere Thétis qui sçavoit que je devois périr au siege de Troye, m'avoit caché pour sauver ma vie. Mais toi qui ne devois point mourir, pourquoi faisois-tu le fou avec ta charruë, quand Palamede découvrit si bien ta ruse. O qu'il y a de plaisir de voir tromper un trompeur ! Il mit, t'en souviens-tu, Telemaque dans le champ, pour voir si tu ferois passer la charruë sur ton propre fils.

ULYSSE.

Je m'en souviens, mais j'aimois Pénélope que je ne voulois pas quitter. N'as-tu pas fait de plus grandes folies pour Briseis, quand tu quittas le Camp des Grecs, & fus cause de la mort de ton ami Patrocle?

ACHILLE.

Oüi, mais quand je retournai, je vengeai Patrocle, & je vainquis Hector. Qui as-tu vaincu en ta vie, si ce n'est Hirus, ce gueux d'Itaque?

ULYSSE.

Et les Amans de Pénélope, & le Cyclope Polypheme.

ACHILLE.

Tu as pris ces Amans en trahison. C'étoit des hommes amollis par les plaisirs, & presque toujours yvres. Pour Polypheme, tu n'en dévrois jamais parler. Si tu eusse osé l'attendre, il t'auroit fait payer bien cherement l'œil que tu lui crevas pendant son sommeil.

ULYSSE.

Mais enfin j'ai essuyé pendant

vingt ans au ſiege de Troye, & dans mes voyages, tous les dangers & tous les malheurs qui peuvent exercer le courage & la ſageſſe d'un homme. Mais qu'as-tu jamais eu à conduire ? Il n'y avoit en toi qu'une impétuoſité folle & une fureur que les hommes groſſiers ont nommé courage. La main du lâche Pâris en eſt venuë à bout.

ACHILLE.

Mais toi qui te vante de ta prudence, ne t'es-tu pas fait tuer ſottement par ton propre fils Telemaque qui te nâquit de Circé ? Tu n'eus pas la précaution de te faire reconnoître par lui. Voilà un plaiſant ſage, pour me traiter de fou !

ULYSSE.

Va, je te laiſſe avec l'ombre d'Ajax auſſi brutal que toi, & auſſi jaloux de ma gloire.

VI. DIALOGUE.

Ulysse & Grillus.

La condition des hommes seroit pire que celle des bêtes, si la solide Philosophie, & la vraye Religion ne les soûtenoit.

Ulysse.

N'Etes-vous pas bien aise, mon cher Grillus, de me revoir, & d'être en état de reprendre votre ancienne forme ?

Grillus.

Je suis bien aise de vous voir, favori de Minerve : mais pour le changement de forme, vous m'en dispenserez, s'il vous plaît.

Ulysse.

Helas ! mon pauvre enfant, sçavez-vous bien comment vous êtes fait ? Assurément vous n'avez point la taille belle ; un gros corps courbé vers la terre, de longues oreilles pendantes, de petits yeux à peine entr'ouverts, un groüin horrible, une physionomie tres-desavantageuse, un vilain poil grossier & herrissé. Enfin vous êtes une hideuse personne ; je vous l'apprends, si vous ne le sçavez pas. Si peu que vous ayez de cœur, vous vous trouverez trop heureux de redevenir homme.

GRILLUS.

Vous avez beau dire, je n'en ferai rien. Le métier de Cochon est bien plus joli. Il est vrai que ma figure n'est pas fort élegante ; mais j'en serai quitte pour ne me regarder jamais au miroir ; aussibien de l'humeur dont je suis depuis quelque tems, je n'ai guéres à craindre de me mirer dans l'eau, & de m'y reprocher ma laideur. J'aime mieux un bon bourbier qu'une claire fontaine.

ULYSSE.

Cette saleté ne vous fait-elle point horreur ? vous ne vivez que d'ordure ; vous vous vautrez dans des lieux infects : vous êtes toujours puant à faire bondir le cœur.

GRILLUS.

Qu'importe ; tout dépend du goût. Cette odeur est plus douce pour moi que celle de l'ambre, & cette ordure est du nectar pour moi.

ULYSSE.

J'en rougis pour vous. Est-il possible que vous ayez si-tôt oublié ce que l'humanité a de noble & d'avantageux ?

GRILLUS.

Ne me parlez plus de l'humanité ; sa noblesse n'est qu'imaginaire : tous ses maux sont réels, & les biens ne sont qu'en idée. J'ai un corps sale & couvert d'un poil hérissé : mais je n'ai plus besoin d'habits ; & vous seriez plus heureux dans vos tristes avantures, si vous aviez le corps aussi velu que moi, pour vous passer de vêtement. Je trouve par tout ma nourriture, jusques dans les lieux les plus dégoûtans. Les procès & les guerres, & tous les autres embarras de la vie ne sont plus rien pour moi. Il ne faut ni cuisinier, ni barbier, ni tailleur, ni architecte. Me voilà libre & content à peu de frais. Pourquoi me rengager dans les besoins des hommes ?

ULYSSE.

Il est vrai que l'homme a de grands besoins ; mais les arts qu'il a inventez pour satisfaire à ses besoins, se tournent à sa gloire & font ses délices.

GRILLUS.

Il est plus sûr d'être exempt de tous ses besoins, que d'avoir les moyens les plus merveilleux d'y remedier. Il vaut mieux joüir d'une ſanté parfaite ſans aucune ſcience de la Medecine, que d'ètre toujours malade avec des remedes excellens pour ſe guérir.

ULYSSE.

Mais, mon cher Grillus, vous ne comptez donc plus pour rien l'Eloquence, la Poëſie, la Muſique, la ſcience des Arts, & du monde entier; celle des Figures & des Nombres? Avez-vous renoncé à notre chere Patrie, aux ſacrifices, aux feſtins, aux jeux, aux danſes, aux combats, aux couronnes qui ſervent de prix aux Vainqueurs. Répondez?

GRILLUS.

Mon tempérament de Cochon eſt ſi heureux, qu'il me met au-deſſus de toutes ces belles choſes. J'aime mieux grognoner, que d'ê-tre auſſi éloquent que vous. Ce qui me dégoûte de l'éloquence, c'eſt que la vôtre même, qui égale celle de Minerve, ne me perſuade ni ne me touche. Je ne veux perſuader perſonne; je n'ai que faire d'être perſuadé. Je ſuis auſſi peu curieux de Vers que de Proſe; tout cela eſt devenu viande creuſe pour moi. Pour les combats de la lutte & des chariots, je les laiſſe volontiers à ceux qui ſont paſſionnez pour une couronne, comme les enfans pour leurs joüets: je ne ſuis plus aſſez diſpos pour remporter le prix; & je ne l'envierai point à un autre moins chargé de lard & de graiſſe. Pour la Muſique, j'en ai perdu le goût, & le goût décide de tout; le goût qui vous y attache m'en a détaché: n'en parlons plus. Retournez à Ithaque. La Patrie d'un Cochon ſe trouve par tout où il y a du gland. Allez, regnez, revoyez Penelope, punifſez ſes Amans. Pour moi ma Penelope eſt la Truye qui eſt ici près, qui regne dans mon étable, & rien ne trouble mon Empire. Beaucoup de Rois dans des Palais dorez ne peuvent atteindre à mon bonheur ; on les nomme fainéans & indignes du trône, quand ils veulent regner comme moi, ſans tourmenter le genre humain.

ULYSSE.

Vous ne ſongez pas qu'un Cochon eſt à la merci des hommes, & qu'on ne l'engraiſſe que pour l'égorger. Avec ce beau raiſonnement vous finirez bientôt votre deſtinée. Les hommes au rang deſquels vous ne voulez pas être mangeront votre lard, vos boudins & vos jambons.

GRILLUS.

Il eſt vrai que c'eſt le danger de mon état : mais le vôtre n'a-t-il pas aussi ses périls. Je m'expose à la mort par une vie douce dont la volupté est réelle : vous vous exposez de même à une mort prompte par une vie malheureuse, & pour une gloire chimerique. Je conclus qu'il vaut mieux être Cochon que Heros. Apollon lui même dut-il chanter un jour vos victoires, son chant ne vous guériroit point de vos peines, & ne vous garantiroit point de la mort. Le régime d'un Cochon vaut mieux.

ULYSSE.

Vous êtes donc assez insensé & assez abruti, pour mépriser la sagesse qui égale presque les hommes aux Dieux ?

GRILLUS.

Au contraire, c'est par la sagesse que je méprise les hommes. C'est une impiété de croire qu'ils ressemblent aux Dieux, puisqu'ils ſont aveugles & injuſtes, trompeurs, malfaiſans, malheureux, & dignes de l'être ; armez cruellement les uns contre les autres, & autant ennemis d'eux-mêmes que de leurs voiſins. A quoi aboutit cette ſageſſe que l'on vante tant ? elle ne redreſſe point les mœurs des hommes ; elle ne ſe tourne qu'à flater, & à contenter leurs paſſions. Ne vaudroit-il pas mieux n'avoir point de raiſon, que d'en avoir pour autoriſer les choſes les plus déraiſonnables ? Ah ! ne me parlez plus de l'homme. C'eſt le plus injuſte, & par conſequent le plus déraiſonnable de tous les animaux. Sans flaterie, un Cochon eſt une aſſez bonne perſonne ; il ne fait ni fauſſe monnoye ni faux contrats ; il ne ſe parjure jamais ; il n'a ni avarice ni ambition ; la gloire ne lui fait point faire de conquêtes injuſtes ; il eſt ingénu &

ſans malice ; ſa vie ſe paſſe à boire, manger & dormir. Si tout le monde lui reſſembloit, tout le monde dormiroit auſſi dans un profond repos, & vous ne ſeriez pas ici. Pâris n'auroit pas enlevé Helene. Les Grecs n'auroient pas renverſé la ſuperbe ville de Troye après un ſiege de dix ans. Vous n'auriez point erré ſur mer & ſur terre au gré de la fortune, & vous n'auriez pas beſoin de conquérir votre propre Royaume. Ne me parlez donc plus de raiſon ; car les hommes n'ont que de la folie. Ne vaut-il pas mieux être bête que méchant fou ?

ULYSSE.

J'avouë que je ne puis aſſez m'étonner de votre ſtupidité.

GRILLUS.

Belle merveille ! qu'un Cochon ſoit ſtupide ; chacun doit garder ſon caractere ; vous gardez le vôtre d'homme inquiet, éloquent, impérieux, plein d'artifice, & perturbateur du repos public. La Nation à laquelle je suis incorporé est modeste, silentieuse, ennemie de la subtilité & des beaux discours. Elle va sans raisonner tout droit au plaisir.

ULYSSE.

Du moins vous ne sçauriez desavoüer que l'immortalité réservée aux hommes, n'éleve infiniment leur condition au-dessus des bêtes. Je suis effrayé de l'aveuglement de Grillus, quand je songe qu'il compte pour rien les délices des Champs Elisées, où les hommes vivent heureux après leur mort.

GRILLUS.

Arrêtez, s'il vous plaît. Je ne suis pas encore tellement Cochon que je renonçasse à être homme, si vous me montriez dans l'homme une immortalité véritable : mais pour n'être qu'une Ombre, & encore une Ombre plaintive, qui regrette jusques dans les Champs Elisées avec lâcheté les misérables peines de ce monde ; j'avouë que cette ombre d'immortalité ne vaut pas la peine de se contraindre. Achille dans les Champs Elisées jouë au palet sur l'herbe : mais il donneroit toute sa gloire qui n'est qu'un songe, pour être l'infame Thersite au nombre des vivans. Cet Achille si désabusé de la gloire, n'est plus qu'un phantôme ; ce n'est plus lui-même ; on n'y reconnoît plus ni son courage ni ses sentimens ; c'est un je ne sçai quoi, qui ne reste de lui que pour le deshonorer. Cette Ombre vaine n'est non plus Achille, que la mienne est mon corps. N'espérez donc pas, éloquent Ulysse, m'éblouïr par une fausse apparence d'immortalité. Je veux quelque chose de plus réel, faute de quoi, je persiste à demeurer dans l'état où je suis. Montrez-moi que l'homme a en lui quelque chose de plus noble que son corps, & qui soit exempt de la corruption. Montrez-moi que ce qui pense en l'homme n'est point le corps, & subsiste toujours après cette machine grossiere & déconcertée. Enfin faites voir que ce qui reste de l'homme après cette vie, est un Etre véritablement heureux. Etablissez que les Dieux ne sont point injustes, & qu'il y a au-delà de cette vie une solide récompense pour la vertu toujours souffrante icibas; aussitôt, divin fils de Laërte, je cours avec vous au travers des dangers; je sors content de l'étable de Circé: je ne suis plus Cochon; je redeviens homme, &

homme en garde contre tous les plaiſirs. Par tout autre chemin vous ne me conduirez jamais à votre but. J'aime mieux n'être que Cochon gros & gras, content de mon ordure, que d'être homme foible, vain, leger, malin, trompeur & injuſte, qui n'eſpere d'être après ſa mort qu'une Ombre triſte, plaintive, & un phantôme mécontent de ſa condition.

VII. DIALOGUE.

ROMULUS & REMUS.

La grandeur où on ne parvient que par le crime, ne ſçauroit donner ni gloire, ni bonheur ſolide.

REMUS.

ENfin vous voilà, mon frere, au même état que moi ; cela ne valoit pas la peine de me faire mourir.

mourir. Quelques années où vous avez regné seul sont finies, il n'en reste rien ; & vous les auriez passées plus doucement, si vous aviez vêcu en paix, partageant l'autorité avec moi.

ROMULUS.

Si j'avois eu cette modération, je n'aurois ni fondé la puissante Ville que j'ai établie, ni fait les conquêtes qui m'ont immortalisé.

REMUS.

Il valoit mieux être moins puissant & être plus juste & plus vertueux. Je m'en rapporte à Minos, & à ses deux Collegues qui vont vous juger.

ROMULUS.

Cela est bien dur. Sur la terre personne n'eut osé me juger.

REMUS.

Mon sang dans lequel vous avez trempé vos mains sera votre condamnation ici-bas, & noircira à jamais votre réputation ſur la terre. Vous vouliez de l'autorité & de la gloire : l'autorité n'a fait que paſſer dans vos mains ; elle vous a échapé comme un ſonge. Pour la gloire vous ne l'aurez jamais. Avant que d'être grand homme, il faut être honnête homme ; & on doit s'éloigner des crimes indignes des hommes, avant que d'aſpirer aux vertus des Dieux. Vous aviez l'inhumanité d'un monſtre, & vous prétendiez être un Heros.

ROMULUS.

Vous ne m'auriez pas parlé de la ſorte impunément, quand nous tracions notre Ville.

REMUS.

Il eſt vrai : je ne l'ai que trop ſenti. Mais d'où vient que vous êtes deſcendu ici. On diſoit que vous étiez devenu immortel.

ROMULUS.

Mon peuple a été assez sot pour le croire.

VIII. DIALOGUE.

ROMULUS & TATIUS.

Le vrai Heroïsme est incompatible avec la fraude & la violence.

TATIUS.

JE suis arrivé ici un peu plûtôt que toi. Mais enfin nous y sommes tous deux. Et tu n'es pas plus avancé que moi, ni mieux dans tes affaires.

ROMULUS.

La difference est grande ; j'ai la gloire d'avoir fondé une Ville éternelle avec un Empire qui n'aura d'autres bornes que celles de l'Univers. J'ai vaincu les peuples voisins. J'ai formé une Nation invincible d'une foule de criminels réfugiez. Qu'as-tu fait qu'on puisſe comparer à ces merveilles ?

TATIUS.

Belles merveilles ! aſſembler des voleurs, des ſcélérats ; ſe faire chef de Bandits, ravager impunément les païs voiſins, enlever des femmes par trahiſon, n'avoir pour loi que la fraude & la violence, maſſacrer ſon propre frere ; voilà ce que j'avouë que je n'ai point fait. Ta Ville durera tant qu'il plaira aux Dieux ; mais elle eſt élevée ſur de mauvais fondemens. Pour ton Empire il pourra aiſément s'étendre ; car tu n'as appris à tes Citoyens qu'à uſurper le bien d'autrui. Ils ont grand beſoin d'être gouvernez par un Roi plus modéré & plus juſte que toi. Auſſi, dit-on, que Numa mon gendre t'a ſuccedé. Il eſt ſage, juſte, religieux, bienfaiſant. C'eſt juſtement l'homme qu'il faut pour redresser ta République & réparer tes fautes.

ROMULUS.

Il est aisé de passer sa vie à juger des procès, appaiser des querelles, à faire observer une police dans une Ville, c'est une conduite foible & une vie obscure : mais remporter des victoires, faire des conquêtes. Voilà ce qui fait les Heros.

TATIUS.

Bon ! voilà un étrange Heroïsme qui n'aboutit qu'à assassiner les gens dont on est jaloux !

ROMULUS.

Comment, assassiner ? je vois bien que tu me soupçonne de t'avoir fait tuer.

TATIUS.

Je ne t'en soupçonne nullement ; car je n'en doute point : j'en suis sûr. Il y avoit longtems que tu ne pouvois plus souffrir que je partageasse la Royauté avec toi. Tous ceux qui ont passé le Styx après moi m'ont assuré que tu n'as pas même sauvé les apparences. Nul regret de ma mort, nul soin de la venger, ni de punir mes meurtriers. Mais tu as trouvé ce que tu méritois. Quand on apprend à des impies à massacrer un Roi, bientôt ils sçauront faire périr l'autre.

ROMULUS.

Hé bien, quand je t'aurois fait tuer, j'aurois suivi l'exemple de mauvaise foi que tu m'avois donnée en trompant cette pauvre fille qu'on nommoit Tarpeïa. Tu voulus qu'elle te laissa monter avec tes troupes pour surprendre la Roche, qui fut de son nom appellée Tarpeïenne. Tu lui avois promis de lui donner ce que les Sabins portoient à la main gauche. Elle croyoit avoir les bracelets de grand prix qu'elle avoit vûs. On lui donna tous les boucliers dont on l'accabla sur le champ. Voilà une action perfide & cruelle.

TATIUS.

La tienne de me faire tuer en trahison est encore plus noire. Car nous avions juré alliance & unis nos deux peuples. Mais je suis vengé. Tes Sénateurs ont bien sçu réprimer ton audace & ta tyrannie. Il n'est resté aucune parcelle de ton corps déchiré. Apparemment chacun eut soin d'emporter son morceau sous sa robe. Voilà comment on te fit Dieu. Proculus te vit avec une majesté d'immortel. N'es-tu pas content de ces honneurs, toi qui est si glorieux ?

ROMULUS.

Pas trop : mais il n'y a point de remede à mes maux. On me déchire & on m'adore. C'est une espece de dérision. Si j'étois encore vivant, je les....

TATIUS.

Il n'est plus tems de menacer, les ombres ne sont plus rien. Adieu, méchant, je t'abandonne.

IX. DIALOGUE.

ROMULUS & NUMA POMPILIUS.

Combien est plus solide la gloire d'un Roi sage & pacifique, que celle d'un Conquerant injuste.

ROMULUS.

VOus avez bien tardé à venir ici? votre regne a été bien long?

NUMA POMPILIUS.

C'est qu'il a été tres-paisible. Le moyen de parvenir en regnant à une extrême vieillesse, c'est de ne faire mal à personne, de n'abuser point de l'autorité, & de faire en sorte que personne n'ait d'interêt à souhaiter notre mort.

ROMULUS.

Quand on ſe gouverne avec tant de modération, on vit obſcurément, on meurt ſans gloire. On a la peine de gouverner les hommes. L'autorité ne donne aucun plaiſir. Il vaut bien mieux vaincre, abattre tout ce qui reſiſte, & aſpirer à l'immortalité.

NUMA POMPILIUS.

Mais votre immortalité, je vous prie, en quoi conſiſte-t-elle? J'avois oüi dire que vous étiez au rang des Dieux, nourri de Nectar à la table de Jupiter : d'où vient que je vous trouve ici?

ROMULUS.

A parler franchement les Sénateurs jaloux de ma puiſſance ſe défirent de moi, & me comblérent d'honneurs aprés m'avoir mis en piéces. Ils aimérent mieux m'invoquer comme Dieu, que de m'obéïr comme à leur Roi.

[illegible]

[illegible]

Q[illegible] [illegible]

[illegible]

R[illegible]

[illegible] pas com[illegible] [illegible] de choses [illegible] [illegible] plus [illegible] [illegible] vous qu[illegible] [illegible] [illegible] par la N[illegible] [illegible] le peupl[illegible] [illegible] Les hommes [illegible] [illegible] la [illegible] les plu[illegible] grandes d[illegible]

N[illegible]

Vous [illegible] d[illegible] [illegible] [illegible] im[illegible] [illegible] corps de [illegible]

R[illegible]

M[illegible] les Anc[illegible] Pré-[illegible] V[illegible] [illegible] [illegible] [illegible] [illegible] G[illegible] rien ; vous n'en êtes pas moins ici une ombre vaine & impuiſſante, ſans eſperance de revoir jamais la lumiere du jour. Vous voyez donc qu'il n'y a rien de ſi ſolide que d'être bon, juſte, modéré & aimé des peuples. On vit longtems, on eſt toujours en paix ; à la vérité on n'a point d'encens, on ne paſſe point pour immortel; mais on ſe porte bien, on regne ſans trouble, & on fait beaucoup de bien aux hommes qu'on gouverne.

ROMULUS.

Vous qui avez vêcu ſi longtems vous n'étiez pas jeune quand vous avez commencé à regner.

NUMA POMPILIUS.

J'avois quarante ans, & ç'a été mon bonheur : ſi j'euſſe commencé à regner plûtôt, j'aurois été ſans experience & ſans ſageſſe, expoſé à toutes mes paſſions. La puiſſance eſt trop dangereuſe quand on eſt jeune & ardent. Vous l'avez bien éprouvé, vous qui dans vos emportemens avez tué votre propre frere, & qui vous êtes rendu inſuportable à tous vos Citoyens.

ROMULUS.

Puiſque vous avez vêcu ſi longtems, il falloit que vous euſſiez une bonne & fidele garde autour de vous.

NUMA POMPILIUS.

Point du tout, je commençai par me défaire de ces trois cens gardes que vous aviez choiſis, & qu'on nommoit *Celeres*. Un homme qui accepte avec peine la Royauté, qui ne la veut que pour le bien public, & qui ſeroit content de la quitter, n'a point à craindre la mort comme un tyran. Pour moi je croyois faire une grace aux Romains de les gouverner. Je vivois pauvrement pour enrichir le peuple. Toutes les Nations voiſines auroient ſouhaité d'être ſous ma conduite. En cet état faut-il des Gardes ? Pour moi pauvre mortel, perſonne n'avoit d'interêt à me donner l'immortalité dont le Sénat vous jugea digne. Ma garde étoit l'amitié des Citoyens qui me regardoient comme leur pere. Un Roi ne peut-il pas confier ſa vie à un peuple qui lui confie ſes biens, ſon repos, ſa conſervation ? La confiance eſt égale des deux côtez.

ROMULUS.

A vous entendre on croiroit que vous avez été Roi malgré vous. Mais vous avez là-deſſus trompé le peuple, comme vous lui avez impoſé ſur la Religion.

NUMA POMPILIUS.

On m'eſt venu chercher dans ma ſolitude de Cures. D'abord j'ai repréſenté que je n'étois point propre à gouverner un peuple belliqueux accoûtumé à des conquêtes ; qu'il leur falloit un Romulus toujours prêt à vaincre. J'ajoûtai que la mort de Tatius & la vôtre ne me donnoient pas grande envie de ſucceder à ces deux Rois. Enfin je repreſentai que je n'avois jamais été à la guerre. On perſiſta à me deſirer, je me rendis : mais j'ai toujours vêcu pauvre, ſimple, modéré dans la Royauté, ſans me préférer à aucun Citoyen. J'ai réüni les deux peuples des Sabins & des Romains, en ſorte que l'on ne peut plus les diſtinguer. J'ai fait revivre l'âge d'or. Tous les peuples non-ſeulement des environs de Rome, mais encore de l'Italie, ont ſenti l'abondance que j'ai répanduë par tout. Le labourage mis en honneur a adouci les peuples farouches & les a attachez à la patrie ſans leur donner une ardeur inquiete pour envahir les terres de leurs voisins.

ROMULUS.

Cette paix & cette abondance ne servent qu'à enorgueillir les peuples, qu'à les rendre indociles à leur Roi, & qu'à les amollir ; en sorte qu'ils ne peuvent plus ensuite supporter les fatigues & les périls de la guerre. Si on fut venu vous attaquer, qu'auriez-vous fait, vous qui n'aviez jamais rien vû pour la guerre ? il auroit fallu dire aux ennemis d'attendre jusqu'à ce que vous auriez consulté la Nymphe.

NUMA POMPILIUS.

Si je n'ai pas sçû faire la guerre comme vous j'ai sçû l'éviter & me faire respecter, & aimer de tous mes voisins. J'ai donné des Loix aux Romains, qui en les rendant justes, laborieux, sobres, les rendront toujours assez redoutables à ceux qui voudroient les attaquer.

Je crains bien encore qu'ils ne se ressentent trop de l'esprit de rapine & de violence auquel vous les aviez accoutumé.

X. DIALOGUE.

XERCE'S & LEONIDAS.

La sagesse & la valeur rendent les Etats invincibles, & non pas le grand nombre des Sujets, ni l'autorité sans bornes des Princes.

XERCE'S.

JE prétends, Leonidas, te faire un grand honneur. Il ne tient qu'à toi d'être toujours à ma suite sur le bord du Styx.

LEONIDAS.

Je n'y suis descendu que pour ne te voir jamais, & pour repousser ta tyrannie. Va chercher tes femmes, tes eunuques, tes esclaves & tes flateurs. Voilà la compagnie qu'il te faut.

XERCE'S.

Voyez ce brutal, cet insolent. Un gueux qui n'eut jamais que le nom de Roi sans autorité ? un Capitaine de Bandits. Quoi? tu n'as point de honte de te comparer au grand Roi ? As-tu donc oublié que je couvrois la terre de Soldats & la mer de navires? Ne sçais-tu pas que mon armée ne pouvoit en un repas se désaltérer sans faire tarir des rivieres ?

LEONIDAS.

Comment oses-tu vanter la multitude de tes troupes ? Trois cens Spartiates que je commandois aux Thermopiles furent tuez par ton Armée innombrable sans pouvoir être vaincus. Ils ne succombérent qu'après s'être lassez de tuer. Ne vois-tu pas encore ici près ces ombres errantes en foule qui couvrent le rivage ? Ce sont les vingt mille

Perses que nous avons tuez. Demande-leur combien un Spartiate seul vaut d'autres hommes, & sur tout des tiens. C'est la valeur & non pas le nombre qui rend invincible.

XERCE'S.

Ton action est un coup de fureur & de desespoir.

LEONIDAS.

C'étoit une action sage & généreuse. Nous crûmes que nous devions nous dévoüer à une mort certaine, pour t'apprendre ce qu'il en coûte quand on veut mettre les Grecs dans la servitude, & pour donner le tems à toute la Grece de se préparer à vaincre où à périr comme nous. En effet cet exemple de courage étonna les Perses & ranima les Grecs découragez. Notre mort fut bien employée.

XERCE'S.

Ho ! que je ſuis fâché de n'être point entré dans le Péloponeſe, après avoir ravagé l'Attique : j'aurois mis en cendres ta Lacédémone, comme j'y mis Athénes. Miſerable impudent, je t'aurois . . . .

LEONIDAS.

Ce n'eſt plus ici le tems ni des injures ni des flateries. Nous ſommes au païs de la vérité. T'imagines-tu donc être encore le grand Roi ? Tes tréſors ſont bien loin. Tu n'as plus de Gardes ni d'Armées, plus de faſte, ni de délices. La loüange ne vient plus chatoüiller tes oreilles. Te voilà nud, ſeul, prêt à être jugé par Minos. Mais ton ombre eſt encore bien colere & bien ſuperbe. Tu n'étois pas plus emporté quand tu faiſois foüetter la mer. En vérité, tu méritois bien d'être foüetté toi-même pour cette extravagance. Et ces fers dorez, t'en souviens-tu, que tu fis jetter dans l'Hellespont, pour tenir les tempêtes dans ton esclavage ? Plaisant homme pour dompter la mer ! Tu fus contraint bientôt après de repasser à la hâte en Asie dans une Barque comme un Pêcheur. Voilà à quoi aboutit la folle vanité des hommes, qui veulent forcer les loix de la nature, & oublier leur propre foiblesse.

XERCE'S.

Ah ! les Rois qui peuvent tout, (je le vois bien, mais helas ! je le vois trop tard) sont livrez à toutes leurs passions. Hé ! quel moyen quand on est homme de résister à sa propre puissance & à la flaterie de tous ceux dont on est entouré. O quel malheur de naître dans de si grands périls !

LEONIDAS.

Voilà pourquoi je fais plus de cas de ma Royauté que de la tienne. J'étois Roi à condition de mener une vie dure, sobre & laborieuse comme mon peuple. Je n'étois Roi que pour défendre ma patrie,& pour faire regner les loix ; ma Royauté me donnoit le pouvoir de faire du bien, sans me permettre de faire du mal.

XERCE'S.

Oüi ; mais tu étoit pauvre,sans éclat, sans autorité. Un de mes Satrapes étoit bien plus grand & plus magnifique que toi.

LEONIDAS.

Je n'aurois pas eu de quoi percer le Mont Athos comme toi. Je croyois même que chacun de tes Satrapes voloit dans la Province plus d'or & d'argent que nous n'en avions dans toute notre République. Mais nos armes sans être dorées sçavoient fort bien percer ces hommes lâches & effeminez, dont la multitude innombrable te donnoit une si vaine confiance.

XERCE'S.

Mais enfin si je fusse entré d'abord dans le Péloponese, toute la Grece étoit dans les fers. Aucune Ville, pas même la tienne n'eût pu me résister.

LEONIDAS.

Je le crois comme tu le dis ; & c'est en quoi je méprise la grande puissance d'un peuple barbare, qui n'est ni instruit ni aguerri. Il manque de sages conseils, ou si on les lui offre, il ne sçait pas les suivre, & préfere toujours d'autres conseils foibles ou trompeurs.

XERCE'S.

Les Grecs vouloient faire une muraille pour fermer l'Isthme. Mais elle n'étoit pas encore faite, & je pouvois y entrer.

LEONIDAS.

La muraille n'étoit pas encore faite, il est vrai : mais tu n'étois pas fait pour prévenir ceux qui la vouloient faire. Ta foiblesse fut encore plus salutaire aux Grecs que leur force.

XERCE'S.

Si j'eusse pris cet Isthme, j'aurois fait voir....

LEONIDAS.

Tu aurois fait quelqu'autre faute. Car il falloit que tu en fisse étant aussi gâté que tu l'étois par la mollesse, par l'orguëil, & par la haine des Conseils sincéres ; tu étois encore plus facile à surprendre que l'Isthme.

XERCE'S.

Mais je n'étois ni lâche ni méchant comme tu t'imaginois.

LEONIDAS.

Tu avois naturellement du courage & de la bonté de cœur. Les larmes que tu répandis à la vûë de tant de milliers d'hommes, dont il n'en devoit rester aucun sur la terre avant la fin du siecle, marquent assez ton humanité. C'est le plus bel endroit de ta vie. Si tu n'avois pas été un Roi trop puissant & trop heureux, tu aurois été un assez honnête homme.

XI. DIALOGUE.

SOLON & PISISTRATE.

La Tyrannie est souvent plus funeste aux Souverains qu'aux Peuples.

SOLON.

HE' bien, tu croyois devenir le plus heureux des mortels en rendant tes Concitoyens tes esçlaves ? Te voilà bien avancé. Tu

Tu as méprisé toutes mes remontrances, tu as foulé aux pieds toutes mes Loix. Que te reste-t-il de ta tyrannie que l'execration des Athéniens, & les justes peines que tu vas endurer dans le noir Tartare ?

PISISTRATE.

Mais je gouvernois assez doucement. Il est vrai que je voulois gouverner, & sacrifier tout ce qui étoit suspect à mon autorité.

SOLON.

C'est ce qu'on appelle un Tyran. Il ne fait pas le mal par le seul plaisir de le faire; mais le mal ne lui coûte rien, toutes les fois qu'il le croit utile à l'accroissement de sa grandeur.

PISISTRATE.

Je voulois acquerir de la gloire.

SOLON.

Quelle gloire ! à mettre sa patrie dans les fers, & à passer dans toute la posterité pour un impie qui n'a connu ni justice ni bonne foi, ni humanité. Tu devois acquerir de la gloire comme tant d'autres Grecs en servant ta patrie, & non en l'opprimant comme tu as fait.

PISISTRATE.

Mais quand on a assez d'élevation, de génie, & d'éloquence pour gouverner ; il est bien rude de passer sa vie dans la dépendance d'un peuple capricieux.

SOLON.

J'en conviens ; mais il faut tâcher de mener justement les peuples par l'autorité des Loix. Moi qui te parles ; j'étois, tu le sçais bien, de la race Royale ; ai-je montré quelque ambition pour gouverner Athénes : Au contraire, j'ai tout sacrifié pour mettre en autorité des Loix salutaires. J'ai vécu pauvre : je me suis éloigné; je n'ai jamais voulu employer que la persuasion, & le bon exemple, qui sont les armes de la vertu. Est-ce ainsi que tu as fait ? Parle.

PISISTRATE.

Non, mais c'est que je songeois à laisser à mes enfans la Royauté.

SOLON.

Tu as fort bien réüssi ; car tu leur as laissé pour tout heritage la haine & l'horreur publique. Les plus généreux Citoyens ont mérité une gloire immortelle & des statuës, pour avoir poignardé l'un ; l'autre fugitif est allé servilement chez un Roi barbare implorer son secours contre sa propre patrie. Voilà les biens que tu as laissé à tes enfans. Si tu leur avois laissé l'amour de la patrie,

& le mépris du faste, ils vivroient encore heureux parmi les Athéniens.

PISISTRATE.

Mais quoi, vivre sans gloire dans l'obscurité ?

SOLON.

La gloire ne s'aquiert-elle que par des crimes? Il la faut chercher dans la guerre contre les ennemis, dans toutes les vertus modérées d'un bon Citoyen, dans le mépris de tout ce qui enyvre & qui amollit les hommes. O Pisistrate, la gloire est belle ! heureux ceux qui la sçavent trouver ! Mais qu'il est pernicieux de la vouloir trouver où elle n'est pas.

PISISTRATE.

Mais le peuple avoit trop de liberté ; & le peuple trop libre est le plus insupportable de tous les Tyrans.

SOLON.

Il falloit m'aider à modérer la liberté du peuple, en établiſſant mes Loix, & non pas renverſer les Loix pour tyranniſer le peuple. Tu as fait comme un pere, qui pour rendre ſon fils modéré & docile, le vendroit pour lui faire paſſer ſa vie dans l'eſclavage.

PISISTRATE.

Mais les Athéniens ſont trop jaloux de leur liberté.

SOLON.

Il eſt vrai que les Athéniens ſont juſqu'à l'excès jaloux d'une liberté qui leur appartient : mais toi, n'étois-tu pas encore plus jaloux d'une tyrannie qui ne pouvoit t'appartenir ?

PISISTRATE.

Je ſouffrois impatiemment de voir le peuple à la merci des Sophiſtes & des Rheteurs, qui prévaloient ſur les gens ſages.

SOLON.

Il valoit mieux encore que les Sophistes & les Rheteurs abusassent quelquefois le peuple par leurs raisonnemens & par leur éloquence, que de te voir fermer la bouche des bons & des mauvais Conseillers, pour accabler le peuple, & pour n'écouter plus que tes propres passions. Mais quelle douceur goûtois-tu dans cette puissance? Quel est donc le charme de la tyrannie?

PISISTRATE.

C'est d'être craint de tout le monde, de ne craindre personne, & de pouvoir tout.

SOLON.

Insensé, tu avois tout à craindre, & tu l'as bien éprouvé quand tu es tombé du haut de ta fortune, & que tu as eu tant de peines à te relever. Tu le sens encore dans tes enfans. Qui est-ce qui avoit plus à craindre, ou de toi, ou des Athéniens? Des Athéniens qui en portant le joug de la servitude te détestoient, ou de toi qui devois toujours craindre d'être trahi, dépossedé, & puni de ton usurpation? Tu avois donc plus à craindre que ce peuple même captif, à qui tu te rendois redoutable?

PISISTRATE.

Je l'avouë franchement, la tyrannie ne me donnoit aucun vrai plaisir. Mais je n'aurois pas eu le courage de la quitter. En perdant l'autorité je serois tombé dans une langueur mortelle.

SOLON.

Reconnois donc combien la tyrannie est pernicieuse pour le Tyran, aussibien que pour le peuple: il n'est point heureux de l'avoir, il est malheureux de la perdre.

XII. DIALOGUE.

SOLON & JUSTINIEN.

Idée juste des Loix, propres à rendre un peuple bon & heureux.

JUSTINIEN.

RIen n'est semblable à la majesté des Loix Romaines. Vous avez eu chez les Grecs la réputation d'un grand Legislateur. Mais si vous aviez vécu parmi nous, votre gloire auroit été bien obscurcie.

SOLON.

Pourquoi ? m'auroit-on méprisé en votre pays ?

JUSTINIEN.

C'est que les Romains ont bien enchéri sur les Grecs pour le nombre des Loix & pour leur perfection.

SOLON.

En quoi ont-ils donc encheri ?

JUSTINIEN.

Nous avons une infinité de Loix merveilleuſes qui ont été faites en divers tems. J'aurai dans tous les ſiecles la gloire d'avoir compilé dans mon Code tout ce grand Corps de Loix.

SOLON.

J'ai oüi dire ſouvent à Ciceron ici-bas, que les Loix des douze Tables étoient les plus parfaites que les Romains ayent eûës. Vous trouverez bon que je remarque en paſſant que ces Loix allérent de Grece à Rome, & qu'elles venoient principalement de Lacedemone.

JUSTINIEN.

Elles viendront d'où il vous plaira : mais elles étoient trop ſimples, & trop courtes pour entrer en comparaiſon avec nos Loix qui ont tout prévû, tout décidé, tout mis en ordre avec un détail infini.

SOLON.

Pour moi je croyois que des Loix pour être bonnes, devoient être claires, ſimples, courtes, proportionnées à tout un peuple qui doit les entendre, les retenir facilement, les aimer, les ſuivre à toute heure & à tout moment.

JUSTINIEN.

Mais des Loix ſimples & courtes n'exercent point aſſez la ſcience & le génie des Juriſconſultes. Elles n'approfondiſſent point aſſez les belles queſtions.

SOLON.

J'avouë qu'il me paroiſſoit que les Loix étoient faites pour éviter les queſtions épineuſes, & pour conſerver dans un peuple les bonnes mœurs, l'ordre & la paix : mais vous m'apprenez qu'elles doivent exercer les esprits subtils, & fournir de quoi plaider.

JUSTINIEN.

Rome a produit de sçavans Jurisconsultes. Sparte n'avoit que des Soldats ignorans.

SOLON.

J'aurois cru que les bonnes Loix sont celles qui font qu'on n'a pas besoin de Jurisconsultes, & que tous les ignorans vivent en paix à l'abri de ces Loix simples & claires, sans être réduit à consulter de vains Sophistes sur le sens de divers Textes, sur la maniere de les concilier. Je conclurois que des Loix ne sont guéres bonnes, quand il faut tant de sçavans pour les expliquer, & qu'ils ne sont jamais d'accord entre eux.

JUSTINIEN.

Pour accorder tout, j'ai fait ma compilation.

SOLON.

Tribonien me disoit hier que c'est lui qui l'a faite.

JUSTINIEN.

Il est vrai : mais il l'a faite par mes ordres. Un Empereur ne fait pas lui-même un tel ouvrage.

SOLON.

Pour moi, qui ai regné, j'ai cru que la fonction principale de celui qui gouverne les peuples étoit de leur donner des Loix qui reglent tout ensemble le Roi & les peuples pour les rendre bons & heureux. Commander des armées, & remporter des Victoires n'est rien en comparaison de la gloire d'un Legislateur. Mais pour revenir à votre Tribonien, il n'a fait qu'une compilation de Loix de divers tems, qui ont souvent varié, & vous n'avez jamais eu un vrai Corps de Loix faites ensemble par un même dessein pour former les

mœurs & le gouvernement entier d'une Nation. C'eſt un recuëil de Loix particulieres pour décider ſur les prétentions réciproques des particuliers. Mais les Grecs ont ſeuls la gloire d'avoir fait des Loix fondamentales pour conduire un peuple ſur des principes Philoſophiques, & pour regler toute ſa Politique & tout ſon Gouvernement. Pour la multitude de vos Loix que vous vantez tant, c'eſt ce qui me fait croire que vous n'en avez pas eu de bonnes, ou que vous n'avez pas ſçû les conſerver dans leur ſimplicité. Pour bien gouverner un peuple, il faut peu de Juges & peu de Loix. Il y a peu d'hommes capables d'être Juges. La multitude des Juges corrompt tout. La multitude des Loix n'eſt pas moins pernicieuſe. On ne les entend plus, on ne les garde plus. Dès qu'il y en a tant, on s'accoûtume à les réverer en apparence, & à les violer ſous de beaux prétextes. La vanité les fait faire avec faſte, l'avarice & les autres paſſions les font mépriſer. On s'en jouë par la ſubtilité des Sophiſtes, qui les expliquent comme chacun le demande pour ſon argent. De là naît la chicanne qui eſt un monſtre né pour dévorer le genre humain.. Je juge des cauſes par leurs effets. Les Loix ne me paroiſſent bonnes que dans les pays où l'on ne plaide point, & où des Loix ſimples & courtes ont évité toutes les queſtions. Je ne voudrois ni diſpoſitions par Teſtament, ni adoptions, ni exheredations, ni ſubſtitutions, ni emprunts, ni ventes, ni échanges. Je ne voudrois qu'une étenduë très-bornée de terre dans chaque famille; que ce bien fût inaliénable, & que le Magiſtrat le partageât également aux enfans ſelon la Loi après la mort du pere. Quand les familles ſe multiplieroient trop à proportion de l'étenduë des terres, j'envoirois une partie du peuple faire une colonie dans quelque Iſle deſerte. Moyennant cette regle courte & ſimple, je me paſſerois de tous vos fatras de Loix, & je ne ſongerois qu'à regler les mœurs, qu'à élever la jeuneſſe à la ſobrieté, au travail, à la patience, au mépris de la moleſſe, au courage contre les douleurs & contre la mort. Cela vaudroit mieux que de ſubtiliſer ſur les Contrats, ou ſur les Tutelles.

JUSTINIEN.

Vous renverſeriez par des Loix ſi séches tout ce qu'il y a de plus ingénieux dans la Juriſprudence.

SOLON.

J'aime mieux des Loix ſimples, dures & ſauvages, qu'un art ingénieux de troubler le repos des hommes & de corrompre le fond des mœurs. Jamais on n'a vû tant de Loix, que de votre tems. Jamais on n'a vû votre Empire si lâche, si effeminé, si abâtardi, si indigne des anciens Romains qui ressembloient aux Spartiates. Vous-même vous n'avez été qu'un fourbe, qu'un impie, un scelerat, un destructeur des bonnes Loix, un homme vain & faux en tout. Votre Tribonien a été aussi méchant, aussi double, & aussi dissolu. Procope vous a démasqué. Je reviens aux Loix: elles ne sont Loix qu'autant qu'elles sont facilement conçûës, crûës, aimées, suivies, & elles ne sont bonnes qu'autant que leur execution rend les peuples bons & heureux. Vous n'avez fait personne bon & heureux par votre fastueuse compilation. D'où je conclus qu'elle mérite d'être brûlée. Je vois que vous vous fâchez. La Majesté Impériale se croit au dessus de la vérité. Mais son ombre n'est plus qu'une ombre, à qui on dit la vérité impunément. Je me retire neanmoins pour appaiser votre bile allumée.

XIII. DIALOGUE.

DEMOCRITE & HERACLITE.

Comparaison de Démocrite & d'Heraclite, où on donne l'avantage au dernier, comme plus humain.

DEMOCRITE.

JE ne sçaurois m'accommoder d'une Philosophie triste.

HERACLITE.

Ni moi d'une gaye. Quand on est sage on ne voit rien dans le monde qui ne paroisse de travers & qui ne déplaise.

DEMOCRITE.

Vous prenez les choſes d'un trop grand ſérieux, cela vous fera mal.

HERACLITE.

Vous les prenez avec trop d'enjouëment : votre air mocqueur eſt plûtôt celui d'un Satyre que d'un Philoſophe. N'êtes-vous point touché de voir le genre humain ſi aveugle, ſi corrompu, ſi égaré ?

DEMOCRITE.

Je ſuis bien plus touché de le voir ſi impertinent & ſi ridicule.

HERACLITE.

Mais enfin ce genre humain, dont vous riez, c'eſt le monde entier avec qui vous vivez ; c'eſt la societé de vos amis, c'eſt votre famille, c'eſt vous-même.

DEMOCRITE.

Je ne me ſoucie guére de tous les foux que je vois, & je me

crois ſage en me mocquant d'eux.

HERACLITE.

S'ils ſont foux vous n'êtes guére ſage, ni bon de ne les plaindre pas & d'inſulter à leur folie. D'ailleurs qui vous répond que vous ne ſoyez pas auſſi extravagant qu'eux ?

DEMOCRITE.

Je ne puis l'être, penſant en toutes choſes le contraire de ce qu'ils penſent.

HERACLITE.

Il y a des folies de diverſes eſpeces. Peut-être qu'à force de contredire les folies des autres, vous vous jettez dans une extrémité contraire qui n'eſt pas moins folle.

DEMOCRITE.

Croyez-en ce qu'il vous plaira, & pleurez encore ſur moi ſi vous avez des larmes de reſte: pour moi je ſuis content de rire des fous. Tous les hommes ne le ſont-ils pas ? Répondez.

HERACLITE.

Helas ! ils ne le ſont que trop, c'eſt ce qui m'afflige : nous convenons vous & moi en ce point, que les hommes ne ſuivent point la raiſon. Mais moi qui ne veux pas faire comme eux, je veux ſuivre la raiſon qui m'oblige de les aimer ; & cette amitié me remplit de compaſſion pour leurs égaremens. Ai-je tort d'avoir pitié de mes ſemblables, de mes freres, de ce qui eſt pour ainſi dire une partie de moi-même ? Si vous entriez dans un Hôpital de bleſſez, ririez-vous de voir leurs bleſſures ? les playes du corps ne ſont rien en comparaiſon de celles de l'ame ; vous auriez honte de votre cruauté, ſi vous aviez ri d'un malheureux qui a la jambe coupée : &

vous avez l'inhumanité de vous divertir du monde entier qui a perdu la raiſon.

DEMOCRITE.

Celui qui a perdu une jambe eſt à plaindre, en ce qu'il ne s'eſt point ôté lui-même ce membre : mais celui qui perd la raiſon la perd par ſa faute.

HERACLITE.

Hé ! c'eſt en quoi il eſt plus à plaindre. Un inſenſé furieux qui s'arracheroit lui-même les yeux, ſeroit encore plus digne de compaſſion qu'un autre aveugle.

DEMOCRITE.

Accommodons-nous. Il y a de quoi nous juſtifier tous deux. Il y a par tout de quoi rire & de quoi pleurer. Le monde eſt ridicule, & j'en ris. Il eſt déplorable, & vous en pleurez. Chacun le regarde à ſa mode, & ſuivant ſon tempérament. Ce qui eſt de certain, c'eſt que le monde eſt de travers. Pour bien faire, pour bien penſer, il faut faire, il faut penſer autrement que le grand nombre : ſe regler par l'autorité & par l'exemple du commun des hommes ; c'eſt le partage des inſenſez.

HERACLITE.

Tout cela eſt vrai ; mais vous n'aimez rien, & le mal d'autrui vous réjoüit. C'eſt n'aimer ni les hommes ni la vertu qu'ils abandonnent.

XIV. DIALOGUE.

HERODOTE & LUCIEN.

Une trop grande credulité eſt un excès à éviter : mais celui de l'incredulité eſt bien plus funeſte.

HERODOTE.

AH bon jour, mon ami ! tu n'as plus envie de rire, toi qui as fait diſcourir tant d'hommes célebres, en leur faiſant paſſer la barque de Caron. Te voilà donc deſcendu à ton tour ſur les bords du Styx ? Tu avois raiſon de te joüer des Tyrans, des flateurs, des ſcelerats : mais de moi ?

LUCIEN.

Quand eſt-ce que je m'en ſuis moqué ? Tu cherches querelle.

HERODOTE.

Dans ton Hiſtoire véritable &

ailleurs, tu prends mes Relations pour des Fables.

LUCIEN.

Avois-je tort? Combien as-tu avancé de choses sur la parole des Prêtres & des autres gens qui veulent toujours du mystere & du merveilleux?

HERODOTE.

Impie, tu ne croyois pas la Religion?

LUCIEN.

Il falloit une Religion plus pure & plus sérieuse que celle de Jupiter & de Venus, de Mars, d'Apollon, & des autres Dieux, pour persuader les gens de bon sens. Tant pis pour toi de l'avoir cruë.

HERODOTE.

Mais tu ne méprisois pas moins la Philosophie? Rien n'étoit sacré pour toi.

LUCIEN.

LUCIEN.

Je méprisois les Dieux, parce que les Poëtes nous les dépeignoient comme les plus malhonnêtes gens du monde. Pour les Philosophes, ils faisoient semblant de n'estimer que la vertu, & ils étoient pleins de vices. S'ils eussent été Philosophes de bonne foi, je les aurois respectez.

HERODOTE.

Et Socrate, comment l'as-tu traité? Est-ce sa faute, ou la tienne? Parle.

LUCIEN.

Il est vrai que j'ai badiné sur les choses dont on l'accusoit; mais je ne l'ai pas condamné sérieusement.

HERODOTE.

Faut-il se joüer aux dépens d'un si grand homme sur des calomnies grossieres? Mais dis la vérité, tu ne songeois qu'à rire, qu'à te moquer de tout, qu'à montrer du ridicule en chaque chose, sans te mettre en peine d'en établir aucune solidement.

LUCIEN.

Hé n'ai-je pas gourmandé les vices ? N'ai-je pas foudroyé les Grands qui abusent de leur grandeur ? N'ai-je pas élevé jusqu'au Ciel le mépris des richesses & des délices ?

HERODOTE.

Il est vrai, tu as bien parlé de la vertu : mais pour blâmer les vices de tout le genre humain ; c'étoit plûtôt un goût de satyre, qu'un sentiment de solide Philosophie. Tu loüois même la vertu sans vouloir remonter jusqu'aux principes de Religion & de Philosophie qui en sont les vrais fondemens.

LUCIEN.

Tu raisonnes mieux ici-bas que

tu ne faisois dans tes grands voyages. Mais accordons-nous. Hé bien, je n'étois pas assez credule, & tu l'étois trop.

HERODOTE.

Ah! te voilà encore toi-même, tournant tout en plaisanterie. Ne seroit-il pas tems que ton ombre eût un peu de gravité ?

LUCIEN.

Gravité ; j'en suis las, à force d'en avoir vû. J'étois environné de Philosophes qui s'en picquoient, sans bonne foi, sans justice, sans amitié, sans modération, sans pudeur.

HERODOTE.

Tu parles des Philosophes de ton tems qui avoient dégénéré : mais....

LUCIEN.

Que voulois-tu donc que je fisse ? que j'eusse vû ceux qui étoient morts plusieurs siecles avant ma naiſſance ? Je ne me ſouvenois point d'avoir été au ſiege de Troye, comme Pythagore. Tout le monde ne peut pas avoir été Euphorbe.

HERODOTE.

Autre moquerie. Et voilà tes réponſes aux plus ſolides raiſonnemens. Je ſouhaite pour ta punition que les Dieux que tu n'as pas voulu croire, t'envoyent dans le corps de quelque Voyageur qui aille dans tous les païs dont j'ai raconté des choſes que tu traite de fabuleuſes.

LUCIEN.

Après cela il ne me manqueroit plus que de paſſer de corps en corps dans toutes les ſectes de Philoſophes que j'ai décriées. Par là je ſerois tour à tour de toutes les opinions contraires dont je me ſuis moqué. Cela ſeroit bien joli.

Mais tu as dit des choſes à peu près auſſi croyables.

HERODOTE.

Va, je t'abandonne, & je me conſole, quand je ſonge que je ſuis avec Homere, Socrate, Pythagore, que tu n'as pas épargné plus que moi; enfin avec Platon, de qui tu as appris l'art des Dialogues, quoyque tu te ſois moqué de ſa Philoſophie.

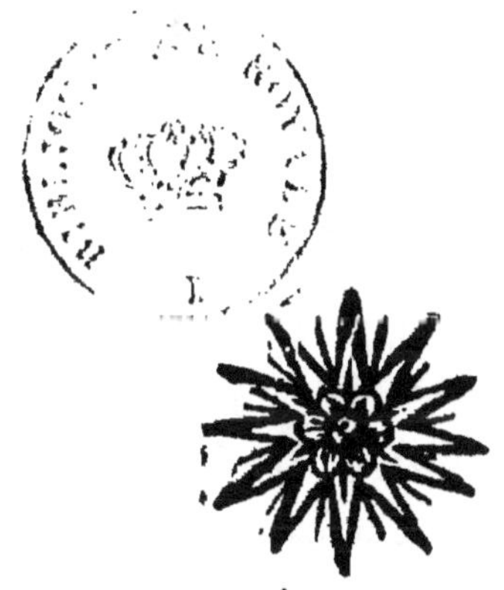

XV. DIALOGUE.

SOCRATE & ALCIBIADE.

Les plus grandes qualitez naturelles ne ſervent ſouvent qu'à deshonorer, ſi elles ne ſont ſoûtenuës par un amour conſtant de la vertu.

SOCRATE.

TE voilà toujours agreable. Qui charmeras-tu dans les Enfers ?

ALCIBIADE.

Et toi te voilà toujours ſenſeur du genre humain. Qui perſuaderas-tu ici, toi qui veut toujours perſuader quelqu'un ?

SOCRATE.

Je ſuis rebuté de vouloir perſuader les hommes, depuis que j'ai éprouvé combien mes diſcours ont mal réüſſi pour te perſuader la vertu.

ALCIBIADE.

Voulois-tu que je vécusse pauvre comme toi, sans me mêler des affaires publiques ?

SOCRATE.

Lequel valoit mieux, ou de ne s'en mêler pas, ou de les broüiller, & de devenir l'ennemi de sa Patrie ?

ALCIBIADE.

J'aime mieux mon personnage que le tien. J'ai été beau, magnifique, tout couvert de gloire, vivant dans les délices ; la terreur des Lacedemoniens & des Perses. Les Atheniens n'ont pû sauver leur Ville qu'en me rappellant. S'ils m'eussent cru, Lysander ne seroit jamais entré dans leur Port. Pour toi tu n'étois qu'un pauvre homme, laid, camus, chauve, qui passoit sa vie à discourir pour blâmer les hommes dans tout ce qu'ils font. Aristophane t'a joüé sur le theatre ; tu as passé pour un impie, & on t'a fait mourir.

SOCRATE.

Voilà bien des choses que tu mets ensemble. Examinons-les en détail. Tu as été beau, mais décrié pour avoir fait de honteux usages de ta beauté. Les délices ont corrompu ton beau naturel. Tu as rendu de grands services à ta Patrie ; mais tu lui as fait de grands maux. Dans les biens & dans les maux que tu lui as faits, c'est une vaine ambition qui t'a fait agir, par consequent il ne t'en revient aucune gloire véritable. Les ennemis de la Grece ausquels tu t'étois livré, ne pouvoient se fier à toi, & tu ne pouvois te fier à eux. N'auroit-il pas été plus glorieux de vivre pauvre dans ta Patrie, & d'y souffrir patiemment tout ce que les méchans font d'ordinaire pour opprimer la vertu ? Il vaut mieux être laid & ſage comme moi, que beau & diſſolu comme tu l'étois. L'unique choſe qu'on peut me reprocher eſt de t'avoir trop aimé, & de m'être laiſſé éblouïr par un naturel auſſi leger que le tien. Tes vices ont deshonnoré l'éducation Philoſophique que Socrate t'avoit donnée. Voilà mon tort.

ALCIBIADE.

Mais ta mort montre que tu étois un impie.

SOCRATE.

Les impies ſont ceux qui ont briſé les Hermez. J'aime mieux avoir avalé du poiſon pour avoir enſeigné la vérité & avoir irrité les hommes, qui ne la peuvent ſouffrir, que de trouver la mort comme toi dans le ſein d'une Courtiſane.

ALCIBIADE.

Ta raillerie eſt toujours piquante.

SOCRATE.

Hé quel moyen de ſouffrir un homme qui étoit propre à faire tant de biens, & qui a fait tant de maux ? Tu viens encore inſulter à la vertu.

ALCIBIADE.

Quoi, l'ombre de Socrate & la vertu ſont donc la même choſe ? Te voilà bien préſomptueux...

SOCRATE.

Compte pour rien Socrate ſi tu veux, j'y conſens. Mais après avoir trompé mes eſpérances ſur la vertu que je tâchois de t'inſpirer, ne viens point encore te moquer de la Philoſophie & me vanter toutes tes actions. Elle ont eu de l'éclat, mais nulle regle. Tu n'as point de quoi rire. La mort t'a fait auſſi laid & auſſi camus que moi ; que te reste-t-il de tes plaisirs ?

ALCIBIADE.

Ah ! il est vrai, il ne m'en reste que la honte & les remords. Mais où vas-tu ? Pourquoi donc veux-tu me quiter ?

SOCRATE.

Adieu, je ne t'ai pas suivi dans tes voyages ambitieux, ni en Sicile, ni à Sparte, ni en Asie. Il n'est pas juste que tu me suive dans les Champs Elisées où je vais mener une vie paisible & bien heureuse avec Solon, Lycurgue, & les autres Sages.

ALCIBIADE.

Ah ! mon cher Socrate, faut-il que je sois séparé de toi ? Helas ! où irai-je donc ?

SOCRATE.

Avec ces ames foibles & vaines dont la vie a été un mélange perpetuel de bien & de mal, &

qui n'ont jamais aimé de ſuite la pure vertu. Tu étois né pour la ſuivre. Tu lui as préferé tes paſſions. Maintenant elle te quitte à ſon tour, & tu la regretteras éternellement.

ALCIBIADE.

Helas ! mon cher Socrate, tu m'as tant aimé : ne veux-tu plus avoir jamais aucune pitié de moi ? Tu ne ſçaurois déſavoüer, car tu le ſçais mieux qu'un autre, que le fond de mon naturel étoit bon.

SOCRATE.

C'eſt ce qui te rend plus inexcuſable. Tu étois bien né, & tu as mal vécu. Mon amitié pour toi, non plus que ton beau naturel ne ſert qu'à ta condamnation. Je t'ai aimé pour la vertu. Mais enfin je t'ai aimé jusqu'à haſarder ma réputation. J'ai ſouffert pour l'amour de toi qu'on m'ait ſoupçonné injuſtement de vices monſtrueux que j'ai condamnez dans toute ma doctrine. Je t'ai ſacrifié ma vie auſſi-bien que mon honneur. As-tu oublié l'expedition de Potidée où je logeai toujours avec toi ? Un pere ne ſçauroit être plus attaché à ſon fils que je l'étois à toi. Dans toutes les rencontres des guerres j'étois toujours à ton côté. Un jour le combat étant douteux, tu fus bleſſé ; auſſitôt je me jettai au-devant de toi pour te couvrir de mon corps, comme d'un bouclier. Je ſauvai ta vie, ta liberté , tes armes : la Couronne m'étoit dûë par cette action. Je priai les Chefs de l'Armée de te la donner. Je n'eus de paſſion que pour ta gloire. Je n'euſſe jamais cru que tu euſſe pu devenir la honte de ta patrie & la ſource de tous ſes malheurs.

ALCIBIADE.

Je m'imagine, mon cher Socrate, que tu n'as pas oublié aussi cette autre occasion où nos troupes ayant été défaites, tu te retirois à pied avec beaucoup de peine, & où me trouvant à cheval je m'arrêtai pour repousser les ennemis qui t'alloient accabler. Faisons compensation.

SOCRATE.

Je le veux. Si je rapelle ce que j'ai fait pour toi, ce n'est point pour te le reprocher, ni pour me faire valoir, c'est pour montrer les soins que j'ai pris pour te rendre bon, & combien tu as mal répondu à toutes mes peines.

ALCIBIADE.

Tu n'as rien à dire contre ma premiere jeunesse. Souvent en écoutant tes instructions, je m'attendrissois jusqu'à en pleurer. Si quelquefois je t'échapois étant entraîné par les compagnies, tu courrois après moi comme un Maître après ſon Eſclave fugitif. Jamais je n'ai oſé te réſiſter. Je n'écoutois que toi. Je ne craignois que de te déplaire.

Il eſt vrai que je fis une gageure un jour de donner un ſoufflet à Hipponicus; je le lui donnai, enſuite j'allai lui demander pardon, & me dépoüiller devant lui, afin qu'il me punit avec des verges, mais il me pardonna voyant que je ne l'avois offenſé que par la legereté de mon naturel enjoüé & folâtre.

SOCRATE.

Alors tu n'avois commis que la faute d'un jeune fou. Mais dans la ſuite tu as fait les crimes d'un ſcélerat, qui ne compte pour rien les Dieux, qui ſe joüe de la vertu & de la bonne foi, qui met ſa patrie en cendres pour contenter ſon ambition, qui porte dans toutes les Nations étrangeres des mœurs dissoluës. Va, tu me fais horreur & pitié. Tu étois fait pour être bon, & tu as voulu être méchant; je ne puis m'en consoler. Séparons-nous. Les trois Juges décideront de ton sort : mais il ne peut plus y avoir ici-bas d'union entre nous deux.

XVI. DIALOGUE.

SOCRATE & ALCIBIADE.

Le bon gouvernement est celui où les Citoyens sont élevez dans le respect des Loix, & dans l'amour de la patrie, & du genre humain qui est la grande patrie.

SOCRATE.

VOus voilà devenu bien sage à vos dépens, & aux dépens de tous ceux que vous avez trompé. Vous pourriez être le digne Heros d'une seconde Odyssée; car vous avez vû les mœurs d'un plus grand nombre de peuples dons vos voyages, qu'Ulysse n'en vit dans les siens.

ALCIBIADE.

Ce n'est pas l'expérience qui me manque, mais la sagesse : mais quoique vous vous mocquiez de moi, vous ne sçauriez nier qu'un homme n'apprenne bien des choſes quand il voyage, & qu'il étudie ſérieuſement les mœurs de tant de peuples.

SOCRATE.

Il eſt vrai que cette étude, ſi elle étoit bien faite pourroit beaucoup agrandir l'eſprit : mais il faudroit un vrai Philoſophe, un homme tranquile & appliqué, qui ne fut point dominé comme vous par l'ambition & par le plaiſir : un homme ſans paſſion & ſans préjugé, qui chercheroit tout ce qu'il y auroit de bon en chaque peuple, & qui découvriroit ce que les Loix de chaque pays lui ont apporté de bien & de mal. Au retour de ce voyage, un Philoſophe ſeroit un excellent Legiſlateur : mais vous n'avez jamais été l'homme qu'il falloit pour donner des Loix : votre talent étoit tout pour les violer; à peine étiez-vous hors de l'enfance, que vous conſeillâtes à votre oncle Periclés, d'engager la guerre, pour éviter de rendre compte des deniers publics. Je croi même qu'après votre mort, vous seriez un dangereux garde des Loix.

ALCIBIADE.

Laissez-moi là, je vous prie. Le fleuve d'oubli doit effacer toutes mes fautes. Parlons des mœurs des peuples : je n'ai trouvé par tout que des coûtumes, & fort peu de Loix. Tous les barbares n'ont d'autre regle que l'habitude & l'exemple de leurs Peres. Les Perses même dont on a tant vanté les mœurs du tems de Cyrus, n'ont aucune trace de cette vertu. Leur valeur & leur magnificence montre un assez beau naturel : mais il est corrompu par la molesse & par le faste le plus grossier. Leurs Rois encensez comme des Idoles ne sçauroient être honnêtes gens, ni connoître la vérité : l'humanité ne peut soûtenir avec moderation une puissance aussi desordonnée que la leur;ils s'imaginent que tout est fait pour eux : ils se joüent du bien, de l'honneur, & de la vie de tous les autres hommes. Rien ne marque tant de barbarie que cette forme de gouvernement ; car il n'y a plus de Loix, & la volonté d'un seul homme dont on flate toutes les passions, est sa Loi unique.

SOCRATE.

Ce pays-là ne convenoit guére à un génie aussi libre & aussi hardi que le vôtre : mais ne trouvez-vous pas que la liberté d'Athenes est dans une autre extrémité ?

ALCIBIADE.

Sparte est ce que j'ai vû de meilleur.

SOCRATE.

La servitude des Illotes ne vous

paroît-elle pas contraire à l'humanité ? Remontez hardiment aux vrais principes. Défaites-vous de tous les préjugez : avoüez qu'en cela les Grecs ſont eux-mêmes un peu barbares ? Eſt-il permis à une partie des hommes de traiter l'autre comme des bêtes de charge ?

ALCIBIADE.

Pourquoi non ? ſi c'eſt un peuple ſubjugué.

SOCRATE.

Le peuple ſubjugué eſt toujouts peuple ; le droit de conquête eſt un droit moins fort que celui de l'humanité. Ce qu'on appelle conquête devient le comble de la tyrannie, & l'execration du genre humain : à moins que le Conquérant n'ait fait ſa conquête par une guerre juſte, & n'ait rendu heureux le peuple conquis, en lui donnant de bonnes Loix. Il n'eſt donc pas permis aux Lacedemoniens de traiter si inhumainement les Illotes qui sont hommes comme eux. Quelle horrible barbarie ! que de voir un peuple qui se jouë de la vie d'un autre, & qui compte pour rien sa vie & son repos ! De même qu'un Chef de famille ne doit jamais s'entêter de la grandeur de sa maison, jusqu'à vouloir troubler la paix & la tranquilité publique de tout le peuple, dont lui & sa famille ne sont qu'un membre. De même c'est une conduite insensée, brutale & pernicieuse, que le Chef d'une nation mette sa gloire à augmenter la puissance de son peuple, en troublant le repos & la liberté des peuples voisins. Un peuple n'est pas moins un membre du genre humain, qui est la societé generale, qu'une famille est un membre d'une nation particuliere. Chacun doit incomparablement plus au genre humain, qui est la grande patrie, qu'à la patrie particuliere dont il est né : il est donc infiniment plus pernicieux de blesser la justice, de peuple à peuple, que de la blesser de famille à famille contre sa République. Renoncer au sentiment d'humanité, non-seulement c'est manquer de politesse, & tomber dans la barbarie : mais c'est l'aveuglement le plus dénaturé des brigands & des sauvages : c'est n'être plus homme, & être Antropophage.

ALCIBIADE.

Vous vous fâchez ! Il me semble que vous étiez de meilleure humeur dans le monde ; vos ironies piquantes avoient quelque chose de plus enjoüé.

SOCRATE.

Je ne sçaurois être enjoüé sur des choses aussi sérieuses. Les Lacedemoniens ont abandonné tous les arts pacifiques, pour ne se réserver que celui de la guerre ; & comme la guerre est le plus grand des maux, ils ne sçavent que faire du mal ; ils s'en piquent ; ils dédaignent tout ce qui n'est pas la destruction du genre humain, & tout ce qui ne peut servir à la gloire brutale d'une poignée d'hommes, qu'on appelle les Spartiates. Il faut que d'autres hommes cultivent la terre pour les nourrir, pendant qu'ils se réservent pour ravager les terres voisines. Ils ne sont pas sobres, austéres contre eux-mêmes, pour être justes & moderez à l'égard d'autrui. Au contraire, ils sont durs & farouches contre tout ce qui n'est point la patrie, comme si la nature humaine n'étoit pas plus leur patrie que Sparte. La guerre est un mal qui deshonore le genre humain : si l'on pouvoit ensevelir toutes

toutes les histoires dans un éternel oubli, il faudroit cacher à la posterité, que des hommes ont été capables de tuer d'autres hommes. Toutes les guerres sont civiles; car c'est toujours l'homme qui répand son propre sang, qui déchire ses propres entrailles; plus la guerre est étenduë, plus elle est funeste; donc celle des peuples qui composent le genre humain, est encore pire que celle des familles qui troublent une nation. Il n'est donc permis de faire la guerre que malgré soi, à la derniere extrémité, pour repousser la violence de l'ennemi. Comment est-ce que Lycurge n'a point eu d'horreur de former un peuple oisif & imbécile pour toutes les occupations douces & innocentes de la paix, & de ne lui avoir donné d'autre exercice d'esprit, que celui de nuire par la guerre à l'humanité?

ALCIBIADE.

Votre bile s'échauffe avec raison : mais aimeriez-vous mieux un peuple comme celui d'Athenes, qui rafine jusqu'au dernier excès sur les Arts destinez à la volupté? Il vaut encore mieux souffrir des naturels farouches, comme ceux de Lacedemone.

SOCRATE.

Vous voilà bien changé ! vous n'êtes plus cet homme si décrié : les bords du Styx font de beaux changemens ; mais peut-être que vous parlez ainsi par complaisance ; car vous avez toute votre vie été un Prothée sur les mœurs. Quoiqu'il en soit, j'avouë qu'un peuple qui par la contagion de ses mœurs porte le faste, la molesse, l'injustice & la fraude chez les autres peuples, fait encore pis que celui qui n'a d'autre occupation, d'autre mérite que celui de répandre du ſang ; car la vertu eſt plus précieuſe aux hommes que la vie. Lycurge eſt donc loüable d'avoir banni de ſa République tous les Arts qui ne ſervent qu'au faſte & à la volupté : mais il eſt inexcuſable d'en avoir ôté l'agriculture, & les autres arts néceſſaires pour une vie ſimple & frugale. N'eſt-il pas honteux qu'un peuple ne ſe ſuffiſe pas à lui-même, & qu'il lui faille un autre peuple appliqué à l'agriculture pour les nourrir ?

ALCIBIADE.

Hé bien, je paſſe condamnation ſur ce chapitre : mais n'aimez-vous pas mieux la ſévere diſcipline de Sparte, & l'inviolable ſubordination qui y ſoûmet la jeuneſſe aux vieillards, que la ſcience effrenée d'Athenes.

SOCRATE.

Un peuple gâté par une liberté exceſſive, eſt le plus inſupportable de tous les Tyrans ; ainsi la populace soûlevée contre les Loix est le plus insolent de tous les maîtres : mais il faut un milieu. Ce milieu est qu'un peuple ait des Loix écrites, toujours constantes & consacrées par toute la Nation; qu'elles soient au-dessus de tout; que ceux qui gouvernent n'ayent d'autorité que par elles ; qu'ils puissent tout pour le bien, & suivant les Loix ; qu'ils ne puissent rien contre ces Loix, pour autoriser le mal : Voilà ce que les hommes, s'ils n'étoient pas aveugles & ennemis d'eux-mêmes, établiroient unanimement pour leur félicité : mais les uns, comme les Atheniens, renversent les Loix, de peur de donner trop d'autorité aux Magistrats, par qui les Loix dévroient regner ; & les autres, comme les Perses, par un respect superstitieux des Loix, se mettent dans un tel esclavage sous ceux qui dévroient faire les Loix, que ceux-ci regnent eux-mêmes, & qu'il n'y a plus d'autre Loi réelle que leur volonté absoluë. Ainsi les uns & les autres s'éloignent du but, qui est une liberté, moderée par la seule autorité des Loix, dont ceux qui gouvernent, ne dévroient être que les simples défenseurs. Celui qui gouverne doit être le plus obéïssant à la Loi. Sa personne détachée de la Loi n'est rien, & elle n'est consacrée qu'autant qu'il est lui-même, sans interêt & sans passion, la Loi vivante donnée pour le bien des hommes. Jugez par-là combien les Grecs qui méprisent tant les Barbares, sont encore dans la barbarie. La guerre du Péloponese, où la jalousie ambitieuse des deux Républiques a mis tout en feu pendant vingt-huit ans, en est une funeste preuve. Vous-même qui parlez ici , n'avez-vous pas flaté tantôt l'ambition triste & implacable des Lacedemoniens ; tantôt l'ambition des Atheniens plus vaine & plus enjoüée. Athenes avec moins de puissance a fait de plus grands efforts, & a triomphé longtems de toute la Grece : mais enfin elle a succombé tout-à-coup, parce que le Despotisme du peuple est une puissance folle & aveugle, qui se forcéne contre elle-même, & qui n'est absoluë & au-dessus des Loix, que pour achever de se détruire.

ALCIBIADE.

Je vois bien qu'Avitus n'a pas eu tort de vous faire un peu de ciguë ; & qu'on devoit encore plus craindre votre politique que votre nouvelle Religion.

XVII. DIALOGUE.

SOCRATE, ALCIBIADE, & TIMON.

Juſte milieu entre la Miſantropie, & le caractere corrompu d'Alcibiade.

ALCIBIADE.

JE ſuis ſurpris, mon cher Socrate, de voir que vous ayez tant de goût pour ce Miſantrope, qui fait peur aux petits enfans.

SOCRATE.

Il faut être bien plus ſurpris de ce qu'il s'apprivoiſe avec moi.

TIMON.

On m'accuſe de haïr les hommes, & je ne m'en défends pas. On n'a qu'à voir comment ils ſont faits, pour juger ſi j'ai tort. Haïr le genre humain, c'eſt haïr une méchante bête ; une multitude de ſots, de fripons, de flateurs, de traîtres, & d'ingrats.

ALCIBIADE.

Voilà un beau Dictionnaire d'injures. Mais vaut-il mieux être farouche, dédaigneux, incompatible & toujours mordant ? Pour moi je trouve que les ſots me réjoüiſſent, & que les gens d'eſprit me contentent. J'ai envie de leur plaire à mon tour, & je m'accommode de tout pour me rendre agreable dans la ſocieté.

TIMON.

Et moi je ne m'accommode de rien ; tout me déplaît, tout eſt faux, de travers, inſupportable : tout m'irrite, & me fait bondir le cœur. Vous êtes un Prothée qui prenez indifferemment toutes les formes plus contraires, parce que vous ne tenez à aucune. Ces métamorphoſes qui ne vous coûtent rien, montrent un cœur ſans principes ni de juſtice, ni de vérité. La vertu, ſelon vous, n'eſt qu'un beau nom. Il n'y en a aucune de fixe. Ce que vous approuvez à Athénes vous le condamnez à Lacedemone. Dans la Grece vous êtes Grec : En Aſie vous êtes Perſe ; ni Dieux, ni Loix, ni Patrie ne vous retiennent. Vous ne ſuivez qu'une ſeule regle, qui eſt la paſſion de plaire, d'éblouïr, de dominer, de vivre dans les délices, & de broüiller tous les Etats. O Ciel ! Faut-il qu'on ſouffre ſur la terre un tel homme, & que les autres hommes n'ayent point de honte de l'admirer ? Alcibiade eſt aimé des hommes, lui qui ſe jouë d'eux & qui les précipite par ſes crimes dans tant de malheurs. Pour moi je hais & Alcibiade, & tous les ſots qui l'aiment, & je ſerois bien fâché d'être aimé par eux, puiſqu'ils ne ſçavent aimer que le mal.

ALCIBIADE.

Voilà une déclaration bien obligeante. Je ne vous en ſçais neanmoins aucun mauvais gré. Vous me mettez à la tête de tout le genre humain, & me faites beaucoup d'honneur. Mon parti eſt plus fort que le vôtre. Mais vous avez bon courage & ne craignez pas d'être ſeul contre tous.

TIMON.

J'aurois horreur de n'être pas ſeul, quand je vois la baſſeſſe, la lâcheté, la legereté, la corruption & la noirceur de tous les hommes qui couvrent la terre.

ALCIBIADE.

N'en exceptez-vous aucun?

TIMON.

Non, non, en vérité, aucun, & vous moins qu'un autre.

ALCIBIADE.

Quoi, pas vous-même ? Vous haïssez-vous aussi ?

TIMON.

Oüi, je me hais souvent quand je me surprens dans quelque foiblesse.

ALCIBIADE.

Vous faites tres-bien, & vous n'avez de tort qu'en ce que vous ne le faites pas toujours. Qu'y a-t-il de plus haïssable qu'un homme qui a oublié qu'il est homme ; qui hait sa propre nature, qui ne voit rien qu'avec horreur & avec une mélancolie farouche, qui tourne tout en poison, & qui renonce à toute societé, quoyque les hommes ne soient nez que pour être sociables ?

TIMON.

Donnez-moi des hommes simples, droits, mais en tout bons & pleins de justice, je les aimerai, je ne les quitterai jamais, je les encenſerai comme des Dieux qui habitent ſur la terre. Mais tant que vous me donnerez des hommes qui ne ſont pas hommes; des renards en fineſſes, & des tigres en cruauté : qui auront le viſage, le corps, la voix humaine, avec un cœur de monſtre comme les Sirenes, l'humanité même me les fera déteſter & fuïr.

ALCIBIADE.

Il faut donc vous faire des hommes exprès. Ne vaut-il pas mieux s'accommoder aux hommes tels qu'on les trouve, que de vouloir les haïr juſqu'à ce qu'ils s'accommodent à nous? Avec ce chagrin ſi critique on paſſe triſtement ſa vie, mépriſé, mocqué, abandonné, & on ne goûte aucun plaiſir. Pour moi je donne tout aux coûtumes & aux imaginations de chaque peuple. Par tout je me réjoüis &

je fais des hommes tout ce que je veux. La Philoſophie qui n'aboutit qu'à faire d'un Philoſophe un hibou, eſt d'un bien mauvais uſage. Il faut en ce monde une Philoſophie qui aille plus terre à terre. On prend les honnêtes gens par les motifs de la vertu ; les voluptueux par leurs plaiſirs, & les fripons par leur interêt. C'eſt la ſeule bonne maniere de ſçavoir vivre ; tout le reſte eſt viſion, & bile noire qu'il faudroit purger avec un peu d'Ellebore.

TIMON.

Parler ainſi, c'eſt anéantir la vertu, & tourner en ridicule les bonnes mœurs. On ne ſouffriroit pas un homme ſi contagieux dans une République bien policée: mais helas! où eſt-elle ici-bas cette République? O mon pauvre Socrate! la vôtre, quand la verrons-nous? Demain. Oüi, demain, je m'y retirerois si elle étoit commencée ; mais je voudrois que nous allassions loin de toutes les terres connuës fonder cette heureuse Colonie de Philosophes purs dans l'Isle Atlentique.

ALCIBIADE.

Hé ! vous ne songez pas que vous vous y porteriez. Il faudroit auparavant vous réconcilier avec vous-même, avec qui vous dites que vous êtes si souvent broüillé.

TIMON.

Vous avez beau vous en mocquer, rien n'est plus sérieux. Oüi, je le soûtiens que je me hais souvent & que j'ai raison de me haïr. Quand je me trouve amolli par les plaisirs, jusqu'à supporter les vices des hommes & prêt à leur complaire : quand je sens réveiller en moi l'interêt, la volupté, la sensibilité pour une vaine réputation parmi les sots & les méchans ; je me trouve presque semblable à eux, je me fais mon procès, je m'abhorre, & je ne puis me supporter.

ALCIBIADE.

Qui est-ce qui fait ensuite votre accommodement ? Le faites-vous tête à tête avec vous-même sans arbitre ?

TIMON.

C'est qu'après m'être condamné, je me redresse & je me corrige.

ALCIBIADE.

Il y a donc bien des gens chez vous ? Un homme corrompu entraîné par les mauvais exemples ; un second qui gronde le premier ; un troisiéme qui les raccommode, en corrigeant celui qui s'est gâté.

TIMON.

Faites le plaisant tant qu'il vous plaira : chez vous la compagnie

tin jusqu'au soir ? Ne sçavez-vous pas qu'on ne manque à Athenes ni de cordons coulans, ni de précipices ?

TIMON.

Je serois tenté de faire ce que vous dites, si je ne craignois de faire plaisir à tant d'hommes qui sont indignes qu'on leur en fasse.

ALCIBIADE.

Mais n'auriez-vous aucun regret de quitter personne ? Quoi personne sans exception ? Songez-y bien avant que de répondre.

TIMON.

J'aurois un peu de regret de quitter Socrate ; mais....

ALCIBIADE.

Hé ! ne sçavez-vous pas qu'il est homme ?

TIMON.

Non, je n'en suis pas bien assûré ; j'en doute quelquefois ; car il ne ressemble guéres aux autres. Il me paroît ſans artifice, ſans interêt, ſans ambition. Je le trouve juſte, ſincere, égal. S'il y avoit au monde dix hommes comme lui, en vérité je croi qu'il me réconcilieroit avec l'humanité.

ALCIBIADE.

Hé bien, croyez-le donc. Demandez-lui ſi la raiſon permet d'être Miſantrope au point où vous l'êtes.

TIMON.

Je le veux, quoyqu'il ait toujours été un peu trop facile & trop ſociable, je ne crains pas de m'engager à ſuivre ſon conſeil. O mon cher Socrate! quand je vois les hommes, & que je jette enſuite les yeux ſur vous, je ſuis tenté de croire que vous êtes Minerve, qui êtes venu ſous une figure d'homme inſtruire ſa Ville. Parlez, mais ſelon votre cœur; me conſeilleriez-vous de rentrer dans la ſocieté empeſtée des hommes, méchans, aveugles, & trompeurs ?

SOCRATE.

Non. Je ne vous conseillerai jamais de vous rengager, ni dans les Assemblées du peuple, ni dans les festins pleins de licence, ni dans aucune société avec un grand nombre de Citoyens ; car le grand nombre est toujours corrompu. Une retraite honnête & tranquile à l'abri des passions des hommes & des siennes propres, est le seul état qui convienne à un vrai Philosophe. Mais il faut aimer les hommes & leur faire du bien malgré leurs défauts. Il ne faut rien attendre d'eux que de l'ingratitude, & les servir sans interêt. Vivre au milieu d'eux pour les tromper, pour les ébloüir & pour en tirer de quoi contenter ses passions, c'est être le plus méchant des hommes, & se préparer des malheurs qu'on mérite. Mais ſe tenir à l'écart,& neanmoins à portée d'inſtruire & de ſervir certains hommes, c'eſt être une divinité bienfaiſante ſur la terre. L'ambition d'Alcibiade eſt pernicieuſe : mais votre Miſantropie eſt une vertu foible qui eſt mêlée d'un chagrin de tempérament. Vous êtes plus ſauvage que détaché. Votre vertu âpre, impatiente ne fait pas aſſez ſupporter le vice d'autrui : c'eſt un amour de ſoi-même qui fait qu'on s'impatiente, quand on ne peut réduire les autres au point qu'on voudroit. La Philantropie eſt une vertu douce, patiente, & deſintereſſée ; qui ſupporte le mal ſans l'approuver. Elle attend les hommes ; elle ne donne rien à ſon goût, ni à ſa commodité. Elle ſe ſert de la connoiſſance de ſa propre foibleſſe, pour ſupporter celle d'autrui. Elle n'eſt jamais duppe des hommes les plus trompeurs & les plus ingrats ; car elle n'espere ni ne veut rien d'eux pour son propre interêt. Elle ne leur demande rien que pour leur bien véritable ; elle ne se lasse jamais dans cette bonté desinteressée ; elle imite les Dieux qui ont donné aux hommes la vie sans avoir besoin de leur encens, ni de leurs victimes.

TIMON.

Mais je ne hais point les hommes par inhumanité, je ne les hais que malgré moi, parce qu'ils sont haïssables. C'est leur dépravation que je hais, & leurs personnes, parce qu'elles sont dépravées.

SOCRATE.

Hé bien, je le suppose. Mais si vous ne haïssez dans l'homme que le mal, pourquoi n'aimez-vous pas l'homme pour le délivrer de ce mal & pour le rendre bon ? Le Medecin haït la fiévre & toutes les autres maladies qui tourmentent les corps des hommes : mais il ne hait point les malades. Les vices ſont les maladies de l'ame, ſoyez un ſage & charitable Medecin qui ſonge à guérir ſon malade par amitié pour lui, loin de le haïr. Le monde eſt un grand Hôpital de tout le genre humain, qui doit exciter votre compaſſion : l'avarice, l'ambition, l'envie, & la colere ſont des playes plus grandes & plus dangereuſes dans les ames que des abſès & des ulceres ne le ſont dans les corps. Guériſſez tous les malades que vous pourrez guérir, & plaignez tous ceux qui ſe trouveront incurables.

TIMON.

O ! voilà, mon cher Socrate, un Sophiſme facile à démêler. Il y a une extrême difference entre les vices de l'ame, & les maladies du corps, les maladies ſont des maux qu'on ſouffre & qu'on ne fait pas. On n'en eſt point coupable, on eſt à plaindre. Mais pour les vices, ils ſont volontaires, ils rendent la volonté coupable. Ce ne ſont pas des maux qu'on ſouffre ; ce ſont des maux qu'on fait. Ces maux méritent de l'indignation , & du châtiment, & non pas de la pitié.

SOCRATE.

Il eſt vrai qu'il y a deux ſortes de maladies des hommes. Les unes involontaires & innocentes; les autres volontaires, & qui rendent le malade coupable, puiſque la mauvaiſe volonté eſt le plus grand des maux ; le vice eſt la plus déplorable de toutes les maladies. L'homme méchant qui fait ſouffrir les autres, ſouffre lui-même par ſa malice , & il ſe prépare les ſupplices que les juſtes Dieux lui doivent. Il eſt donc encore plus à plaindre qu'un malade innocent. L'innocence eſt une ſanté précieuſe de l'ame : c'eſt une reſſource & une conſolation dans les plus affreuſes douleurs. Quoi ! ceſſerez-vous de plaindre un homme, parce qu'il eſt dans la maladie la plus funeſte, qui eſt la mauvaiſe volonté ? Si ſa maladie n'étoit qu'au pied, ou à la main vous le plaindriez ; & vous ne le plaignez pas lorſqu'elle a gangrené le fond de ſon cœur ?

TIMON.

Hé bien, je conviens qu'il faut plaindre les méchans ; mais non pas les aimer.

SOCRATE.

Il ne faut pas les aimer pour leur malice ; mais il faut les aimer pour les en guérir. Vous aimez donc les hommes ſans croire les aimer ; car la compaſſion eſt un amour qui s'afflige du mal de la perſonne qu'on aime. Sçavez-vous bien ce qui vous empêche d'aimer les

les méchans ? ce n'eſt pas votre vertu, mais c'eſt l'imperfection de la vertu qui eſt en vous. La vertu imparfaite ſuccombe dans le ſupport des imperfections d'autrui. On s'aime encore trop ſoi-même pour pouvoir toujours ſuporter ce qui eſt contraire à ſon goût & à ſes maximes. L'amour propre ne veut non plus être contredit par la vertu que par le vice. On s'irrite contre les ingrats, parce qu'on veut de la reconnoiſſance par amour propre. La vertu parfaite détache l'homme de lui-même, & fait qu'il ne ſe laſſe point de ſuporter la foibleſſe des autres. Plus on eſt loin du vice, plus on eſt patient & tranquille pour s'appliquer à le guérir. La vertu imparfaite eſt ombrageuſe, critique, âpre, ſevere, & implacable. La vertu qui ne cherche plus que le bien eſt toujours égale, douce, affable, compatissante : elle n'est surprise ni choquée de rien : elle prend tout sur elle, & ne songe qu'à faire du bien.

TIMON.

Tout cela est bien aisé à dire ; mais difficile à faire.

SOCRATE.

O mon cher Timon ! les hommes grossiers & aveugles croyent que vous êtes Misantrope, parce que vous avez poussé trop loin la vertu ; & moi je vous soutiens que si vous étiez plus vertueux vous feriez ceci comme je le dis. Vous ne vous laisseriez entraîner ni par votre humeur sauvage, ni par votre tristesse de tempérament, ni par vos dégoûts, ni par l'impatience que vous causent les défauts des hommes. C'est à force de vous aimer trop que vous ne pouvez plus aimer les autres hommes imparfaits. Si vous étiez parfait, vous pardonneriez ſans peine aux hommes d'être imparfaits, comme les Dieux le font. Pourquoi ne pas ſouffrir doucement ce que les Dieux meilleurs que vous ſouffrent ? Cette délicateſſe qui vous rend ſi facile à être bleſſé eſt une véritable imperfection. La raiſon qui ſe borne à s'accommoder des choſes raiſonnables, & à ne s'échauffer que contre ce qui eſt faux, n'eſt qu'une demie raiſon. La raiſon parfaite va plus loin; elle ſupporte en paix la déraiſon d'autrui. Voilà le principe de vertu compatiſſante pour autrui & détachée de ſoi-même qui eſt le vrai lien de la ſocieté.

ALCIBIADE.

En verité, Timon, vous voilà bien confondu avec votre vertu farouche & critique. C'eſt s'aimer trop ſoi-même que de vouloir vivre tout ſeul uniquement pour ſoi, & de ne pouvoir ſouffrir rien de tout ce qui choque notre propre ſens. Quand on ne s'aime point tant, on ſe donne librement aux autres.

SOCRATE.

Arrêtez, s'il vous plaît, Alcibiade, vous abuſeriez aiſément de ce que j'ai dit. Il y a deux manieres de ſe donner aux hommes. La premiere eſt de ſe faire aimer, non pour être leur idole, mais pour employer leur confiance à les rendre bons. Cette Philantropie eſt toute divine. Il y en a une autre qui eſt une fauſſe monnoye, quand on ſe donne aux hommes pour leur plaire, pour les éblouir, pour uſurper de l'autorité ſur eux en les flattant. Ce n'eſt pas eux qu'on aime, c'eſt ſoi-même. On n'agit que par vanité & par interêt, on fait ſemblant de ſe donner, pour poſſéder ceux à qui on fait accroire qu'on ſe donne à eux. Ce faux Philantrope eſt comme un Pêcheur qui jette un hameçon avec un appât : il paroît nourrir les poiſſons, mais il les prend & les fait mourir. Tous les Tyrans, tous les Magiſtrats, tous les Politiques qui ont de l'ambition paroiſſent bienfaiſans & généreux ; ils paroiſſent ſe donner, & ils veulent prendre les peuples; ils jettent l'hameçon dans les feſtins, dans les compagnies, dans les aſſemblées publiques. Ils ne ſont pas ſociables pour l'intérêt des hommes, mais pour abuſer de tout le genre humain. Ils ont un eſprit flatteur, inſinuant, artificieux, pour corrompre les mœurs des hommes comme les Courtiſannes, & pour réduire en ſervitude tous ceux dont ils ont beſoin. La corruption de ce qu'il y a de meilleur, eſt le plus pernicieux de tous les maux. De tels hommes ſont les peſtes du genre humain. Au moins l'amour propre d'un Miſantrope n'eſt que ſauvage & inutile au monde ; mais celui de ces faux Philantropes eſt traître & tyrannique : ils promettent toutes les vertus de la ſociété, & ils ne font de la ſocieté qu'un trafic, dans lequel ils veulent tout attirer à eux & aſſervir tous les Citoyens. Le Miſantrope fait plus de peur & moins de mal. Un ſerpent qui ſe gliſſe entre les fleurs eſt plus à craindre qu'un anima ſauvage qui s'enfuit vers ſa taniere dès qu'il vous apperçoit.

ALCIBIADE.

Timon, retirons-nous. En voilà bien aſſez, nous avons chacun une bonne leçon ; en profitera qui pourra : mais je crois que nous n'en profiterons gueres. Vous ſerez encore furieux contre toute la nature humaine ; & moi je vais faire le Prothée entre les Grecs & le Roi de Perſe.

XVIII. DIALOGUE.

ALCIBIADE & PERICLE'S.

Sans la Vertu les plus grands talens ne ſont comptez pour rien après la mort.

PERICLE'S.

MOn cher Neveu, je ſuis bien aiſe de te revoir. J'ai toujours eu de l'amitié pour toi.

ALCIBIADE.

Tu me l'as bien témoigné dès mon enfance. Mais je n'ai jamais eu tant de beſoin de ton ſecours qu'à préſent. Socrate que je viens de trouver me fait craindre les trois Juges, devant leſquels je vais comparoître.

PERICLE'S.

Helas! Mon cher Neveu, nous

ne sommes plus à Athénes : Ces trois vieillards inéxorables ne comptent pour rien l'éloquence. Moi-même j'ai senti leur rigueur, & je prévois que tu n'en seras pas exempt.

ALCIBIADE.

Quoi, n'y a-t'il pas quelque moyen pour gagner ces trois hommes ? Sont-ils insensibles à la flaterie, à la pitié, aux graces du discours, à la Poësie, à la Musique, aux raisonnemens subtils, au récit des grandes actions ?

PERICLE'S.

Tu sçais bien que si l'éloquence avoit ici quelque pouvoir, sans vanité ma condition devroit être aussi bonne que celle d'un autre ; mais on ne gagne rien ici à parler. Ces traits flateurs qui enlevoient le peuple d'Athénes ; ces tours convaincans, ces manieres insinuantes qui prennent les hommes par leurs commoditez & par leurs passions, ne sont plus d'usage ici. Les oreilles y sont bouchées & les cœurs de fer. Moi qui suis mort dans cette malheureuse guerre du Péloponese, je ne laisse pas d'en être puni. On devroit bien me pardonner une faute qui m'a coûté la vie, & même c'est toi qui me la fit faire.

ALCIBIADE.

Il est vrai que je te conseillai d'engager la guerre plutôt que de rendre compte; n'est-ce pas ainsi que l'on fait toujours? Quand on gouverne un Etat, on commence par soi, par sa commodité, sa réputation, son intérêt; le public va comme il peut: autrement quel seroit le sot qui se donneroit la peine de gouverner, de veiller nuit & jour, pour faire bien dormir les autres ? Eſt ce que vos Juges d'ici trouvent cela mauvais?

PERICLE'S.

Oüi, ſi mauvais qu'après être mort de la peſte dans cette maudite guerre, où je perdis la confiance du peuple, j'ai ſouffert ici de grands ſupplices pour avoir troublé la paix mal à propos. Juge par là, mon pauvre Neveu, ſi tu en ſeras quitte à meilleur marché.

ALCIBIADE.

Voilà de mauvaiſes nouvelles. Les vivans quand ils ſont bien fâchez, diſent : Je voudrois être mort, & moi je dirois volontiers au contraire, je voudrois me porter bien.

PERICLE'S.

O ! tu n'es plus au tems de cette belle Robbe traînante de pourpre, avec laquelle tu charmois toutes les femmes d'Athénes & de Sparte. Tu ſeras puni non-ſeulement de ce que tu as fait, mais encore de ce que tu m'as conſeillé de faire.

XIX. DIALOGUE.

ALCIBIADE, MERCURE, & CARON.

Caractere d'un jeune Prince corrompu par l'ambition & l'amour du plaisir.

CARON.

QUel homme mene-tu là ? il fait bien l'important. Qu'a-t'il plus qu'un autre pour s'en faire accroire ?

MERCURE.

Il étoit beau, bien fait, habile, vaillant, éloquent, propre à charmer tout le monde. Jamais homme n'a été si souple, il prenoit toutes sortes de formes comme Prothée. A Athénes il étoit délicat, sçavant, & poli : A Sparte, dur, austere, & laborieux. En Asie effeminé, mou, & magnifique comme les Perses. En Thrace il étoit toujours à cheval, & buvoit comme Silene. Aussi a-t'il tout broüillé & tout renversé dans tous les pays où il a passé.

CARON.

Mais ne renversera-t'il pas aussi ma Barque qui est vieille, & qui fait eau par tout? Pourquoi vas-tu te charger de telle marchandises? Il valoit mieux le laisser parmi les vivans. Il auroit causé des guerres, des carnages, des désolations qui nous auroient envoyé ici bien des ombres. Pour la sienne elle me fait peur. Comment s'appelle-t'il?

MERCURE.

Alcibiade. N'en as-tu point oüi parler?

CARON.

Alcibiade! Hé toutes les ombres qui viennent me rompent la tête à force de m'en entretenir.

Il m'a donné bien de la peine avec tous les morts qu'il a fait périr en tant de guerres. N'est-ce pas lui qui s'étant refugié à Sparte après les impiétez qu'il avoit faites à Athénes, corrompit la femme du Roi Agir ?

MERCURE.

C'est lui-même.

CARON.

Je crains qu'il ne fasse de même avec Proserpine. Car il est plus joli & plus flateur que notre Roi Pluton. Mais Pluton n'entend pas raillerie.

MERCURE.

Je te le livre tel qu'il est. S'il fait autant de fracas aux Enfers qu'il en a fait toute sa vie sur la terre, ce ne sera plus ici le Royaume du silence. Mais demandes-lui un peu comment il fera. Ho ! Alcibiade, dis à Caron comment tu prétens faire ici-bas.

ALCIBIADE.

Moi, je prétens y ménager tout le monde. Je conſeille à Caron de doubler ſon droit de péage, à Pluton de faire la guerre contre Jupiter pour être le premier des Dieux, attendu que Jupiter gouverne mal les hommes, & que l'Empire des morts eſt plus étendu que celui des vivans. Que fait-il là-haut dans ſon Olympe où il laiſſe toute choſe ſur la terre aller de travers ? Il vaut bien mieux reconnoître pour Souverain de toutes les divinitez, celui qui punit ici-bas les crimes, & qui redreſſe tout ce que ſon frere par ſon indolence a laiſſé gâter. Pour Proſerpine je lui dirai des nouvelles de la Sicile qu'elle a tant aimée. Je lui chanterai ſur ma Lyre les chanſons qu'on y a faites en ſon honneur. Je lui parlerai des Nymphes avec leſquelles elle cueilloit des fleurs quand Pluton la vint enlever. Je lui dirai aussi toutes mes avantures, & il y aura bien du malheur si je ne puis lui plaire.

MERCURE.

Tu vas gouverner les Enfers, je parierois pour toi; Pluton te fera entrer dans son Conseil & s'en trouvera mal. Voilà ce qui me console pour Jupiter mon pere que tu veux faire détrôner.

ALCIBIADE.

Pluton s'en trouvera fort bien, & vous le verrez.

MERCURE.

Tu as donné de pernicieux conseils en ta vie.

ALCIBIADE.

J'en ai donné de bons aussi.

MERCURE.

Celui de l'entreprise de Sicile étoit-il bien sage? Les Athéniens s'en sont-ils bien trouvez?

ALCIBIADE.

Il eſt vrai que je donnai aux Athéniens le conſeil d'attaquer les Syracuſains, non-ſeulement pour conquérir toute la Sicile & enſuite l'Afrique, mais encore pour tenir Athénes dans ma dépendance. Quand on a affaire à un peuple leger, inégal, ſans raiſon, il ne faut pas le laiſſer ſans affaire. Il faut le tenir toujours dans quelque grand embarras, afin qu'il ait ſans ceſſe beſoin de vous, & qu'il ne s'aviſe pas de cenſurer votre conduite. Mais cette affaire, quoiqu'un peu hazardeuſe n'auroit pas laiſſé de réüſſir ſi je l'euſſe conduite. On me rappella à Athénes pour une ſottiſe, pour ces Thermes mutilez. Après mon départ Lamachus périt comme un étourdi. Nicias étoit un grand indolent, toujours craintif & irréſolu. Les gens qui craignent tant ont plus à craindre que les autres ; car ils perdent les avantages que la fortune leur présente, & ils laissent venir tous les inconveniens qu'ils ont prévûs. On m'accusa encore d'avoir, par dérision avec des libertins, représenté dans une débauche les mysteres de Cerés. On disoit que j'y faisois le principal personnage, qui étoit celui du Sacrificateur. Mais tout cela, chansons ; on ne pouvoit m'en convaincre.

MERCURE.

Chansons ? d'où vient donc que tu n'osas jamais te présenter & répondre aux accusations ?

ALCIBIADE.

Je me serois livré à eux s'il eut été question de toute autre chose. Mais comme il s'agissoit de ma vie, je ne l'aurois pas confiée à ma propre mere.

MERCURE.

Voilà une lâche réponse. N'as-tu point de honte de me la faire ? Toi qui sçavois hasarder ta vie à la merci d'un Chartier brutal dès ta plus tendre enfance , tu n'as point osé mettre ta vie entre les mains des Juges pour sauver ton honneur dans un âge meur. O mon ami , il falloit que tu te sentisse coupable.

ALCIBIADE.

C'est qu'un enfant qui jouë dans un chemin & qui ne veut pas interrompre son jeu pour laisser passer une Charette, fait par dépit & par mutinerie, ce qu'un homme ne fait point par raison. Mais enfin vous direz ce qu'il vous plaira ; je craignis mes envieux ; & la sotise du peuple, qui se met en fureur quand il est question de toutes vos divinitez.

MERCURE.

Voilà un langage de Libertin, & je parierois que tu t'étois mocqué des mysteres de Cerés d'Eleusine. Pour mes figures, je n'en doute point, tu les avois mutilées ?

CARON.

Je ne veux point recevoir dans ma Barque cet ennemi des Dieux, cette peste du genre humain.

ALCIBIADE.

Il faut bien que tu me reçoive; Où veux-tu donc que j'aille ?

CARON.

Retourne à la lumiere pour tourmenter tous les vivans & faire encore du bruit sur la terre. C'est ici le séjour du silence & du repos.

ALCIBIADE.

Hé, de grace, ne me laisse pas errer sur les rives du Stix comme les morts privez de la sépulture.

Mon ame a été trop grande parmi les hommes pour recevoir un tel affront. Après tout, puisque j'ai reçu les honneurs funebres, je puis contraindre Caron à me passer dans sa Barque. Si j'ai mal vécu, les Juges des Enfers me puniront; mais pour ce vieux Fantasque je l'obligerai bien....

CARON.

Puisque tu le prend sur un ton si haut, je veux sçavoir comment tu as été inhumé. Car on parle de ta mort bien confusément. Les uns disent que tu as été poignardé dans le sein d'une Courtisanne. Belle mort pour un homme qui fait le grand personnage. D'autres disent qu'on te brûla. Jusqu'à ce que le fait soit éclairci je me mocque de ta fierté. Non, tu n'entreras point ici.

ALCIBIADE.

Je n'aurai pas de peine a raconter ma derniere avanture ; elle eſt à mon honneur, & elle couronne une belle vie. Liſander ſçachant combien j'avois fait de mal aux Lacédémoniens en ſervant ma patrie dans le combat, & en négociant pour elle auprès des Perſes, réſolut de demander à Pharnabaſe de me faire mourir. Ce Pharnabaſe commandoit ſur les côtes d'Aſie au nom du grand Roi. Pour moi ayant vû que les Chefs Athéniens ſe conduiſoient avec témérité, & qu'ils ne vouloient pas même écouter mes avis, pendant que leur flote étoit dans la Riviere de la Chevre près de l'Helleſpont, je leur prédis leur ruine qui arriva bientôt après, & je me retirai dans un lieu de Phrygie que les Perſes m'avoient donné pour ma ſubſiſtance. Là je vivois content, déſabuſé de la fortune qui m'avoit tant de fois trompé, & je ne ſongeois plus qu'à me réjoüir. La Courtisanne Thimandra étoit avec moi; Pharnabase n'osa refuser ma mort aux Lacédémoniens. Il envoya son frere Magnaus pour me faire couper la tête & pour brûler mon corps, mais il n'osa avec tous ses Perses entrer dans la maison où j'étois. Ils mirent le feu tout autour, aucun d'eux n'ayant le courage d'entrer pour m'attaquer. Dès que je m'apperçus de leur dessein, je jettai sur le feu tous mes habits, toutes les hardes que je trouvai, & même les tapis qui étoient dans la maison: puis je mis mon manteau plié autour de ma main gauche, & de la droite tenant mon épée nuë, je me jettai hors de la maison au travers de mes ennemis, sans que le feu me fît aucun mal. A peine brûla-t'il un peu mes habits. Tous ces Barbares s'enfuirent dès que je je parus, mais fuyant ils me tirérent tant de traits que je tombai percé de coups. Quand ils ſe furent retirez Thimandra alla prendre mon corps, l'envelopa, & lui donna la ſépulture le plus honorablement qu'elle pût.

MERCURE.

Cette Thimandra n'eſt-elle pas la mere de la fameuſe Courtiſanne de Corinthe nommée Laïs?

ALCIBIADE.

C'eſt elle-même. Voilà l'hiſtoire de ma mort & de ma ſépulture. Vous reſte-t'il quelque difficultez?

CARON.

Oüi, une grande ſans doute, que je te défie de lever.

ALCIBIADE.

Expliques-là nous, nous verrons.

CARON.

Tu n'as pû te ſauver de cette

maison brûlée qu'en te jettant comme un desesperé au travers de tes ennemis, & tu veux que Thimandra qui demeura dans les ruines de cette maison toute en feu n'ait souffert aucun mal. De plus j'entens dire à plusieurs ombres que les Lacédémoniens ni les Perses ne t'ont point fait mourir. On assure que tu avois séduit une jeune femme d'une maison très-noble, selon ta coûtume : Que les freres de cette femme voulurent se vanger de ce deshonneur, & te firent brûler.

ALCIBIADE.

Quoiqu'il en soit, tu ne peux douter, suivant ce compte même, que je n'aye été brûlé comme les autres morts.

CARON.

Mais tu n'as pas reçu les honneurs de la sépulture. Tu cherches des subtilitez. Je vois bien que tu as été un dangereux broüillon.

ALCIBIADE.

J'ai été brûlé comme les autres morts, & cela suffit. Veux-tu donc que Thimandra vienne t'apporter mes cendres, ou qu'elle t'envoye un Certificat? Mais si tu veux encore contester, je m'en rapporte aux trois Juges d'ici-bas. Laisse-moi passer pour plaider ma cause devant eux.

CARON.

Bon, tu l'aurois gagnée si tu passois. Voici un homme bien rusé.

MERCURE.

Il faut avoüer la verité: en passant j'ai vû l'Urne où la Courtisanne avoit, disoit-on, mis les cendres de son Amant. Un homme qui sçavoit si bien enchanter les femmes, ne pouvoit manquer de sépulture: il a eu des honneurs, des regrets, des larmes, plus qu'il ne méritoit.

ALCIBIADE.

Je prens acte que Mercure a vû mes cendres dans une Urne. Maintenant je somme Caron de me recevoir dans sa Barque. Il n'est plus en droit de me refuser.

MERCURE.

Je le plains d'avoir à se charger de toi; méchant homme: tu as mis le feu par tout. C'est toi qui a allumé cette horrible guerre dans toute la Gréce. Tu es cause que les Athéniens & les Lacédémoniens ont été vingt-huit ans en armes les uns contre les autres, par mer & par terre.

ALCIBIADE.

Ce n'est pas moi qui en suis la cause, il faut s'en prendre à mon oncle Periclés.

MERCURE.

Periclés, il est vrai, engagea

cette funeste guerre, mais ce fût par ton conseil. Ne te souviens-tu pas d'un jour que tu allas heurter à sa porte ; ses gens te dirent qu'il n'avoit pas le tems de te voir, parce qu'il étoit embarrassé pour les comptes qu'il devoit rendre aux Athéniens de l'administration des revenus de la République. Alors tu répondis : ¡ Au lieu de songer à rendre compte, il feroit bien mieux de songer à quelque expédient pour n'en rendre jamais. L'expédient que tu lui fournis fût de broüiller les affaires, d'allumer la guerre, & de tenir le peuple dans la confusion. Périclés fut assez corrompu pour te croire : il alluma la guerre, il y périt ; ta patrie y est presque perie aussi, elle y a perdu sa liberté. Après cela faut-il s'étonner si Archestrate disoit que la Gréce entiere n'étoit pas assez puissante pour supporter deux Alcibiades ? Timon le Misantrope n'étoit pas moins plaisant dans son chagrin, lorsque indigné contre les Athéniens, dans lesquels il ne voyoit plus de traces de vertu,& te rencontrant un jour dans la ruë, il te salua & te prit par la main en te disant : Courage, mon enfant, pourvû que tu croisse encore en autorité, tu causeras bien-tôt à ces gens-ci tous les maux qu'ils méritent.

ALCIBIADE.

Faux-t'il s'amuser aux discours d'un mélancolique qui haïssoit tout le genre humain ?

MERCURE.

Laissons-là ce mélancolique. Mais le conseil que tu donnas à Périclés, n'est-ce pas le conseil d'un voleur ?

ALCIBIADE.

Mon pauvre Mercure, ce n'eſt point à toi à parler de voleur. On ſçait que tu en as fait long-tems le métier : un Dieu filoux, n'eſt pas propre à corriger les hommes ſur la mauvaiſe foi, en matiere d'argent.

MERCURE.

Caron, je te conjure de le paſſer le plus vîte que tu pourras ; car nous ne gagnerons rien avec lui. Prend garde ſeulement qu'il ne ſurprenne les trois Juges, & Pluton même : averti-les de ma part que c'eſt un ſcelérat capable de faire révolter tous les morts, & de renverſer le plus paiſible de tous les Empires : la punition qu'il mérite, c'eſt de ne voir aucune femme & de ſe taire toujours. Il a trop abuſé de ſa beauté

& de ſon éloquence. Il a tourné tous ces grands talens à faire du mal.

CARON.

Je donnerai de bons Mémoires contre lui, & je croi qu'il paſſera fort mal ſon tems parmi les ombres, s'il n'a plus de mauvaiſes intrigues à y faire.

XX. DIALOGUE.

DENIS, PYTHIAS & DAMON.

La veritable Vertu ne peut aimer que la Vertu.

DENIS.

HO Dieu ! qu'eſt-ce qui ſe preſente à mes yeux ? c'eſt Pythias qui arrive ici, c'eſt Pythias lui-même. Je ne l'aurois jamais cru ; ha ! c'eſt lui, il vient pour mourir & pour dégager ſon ami.

PYTHIAS.

Oüi, c'eſt moi. Je n'étois parti que pour payer aux Dieux ce que je leur avois voüé, regler mes affaires domeſtiques ſelon la juſtice ; & dire adieu à mes enfans, pour mourir avec plus de tranquilité.

DENIS.

Mais pourquoi reviens-tu ? quoi donc ne crains-tu point la mort ? Viens-tu la chercher comme un deſeſperé, un furieux ?

PYTHIAS.

Je viens la ſouffrir, quoique je ne l'aye point mérité ; je ne puis me réſoudre à laiſſer mourir mon ami en ma place.

DENIS.

Tu l'aimes donc plus que toi-même.

PYTHIAS.

Non, je l'aime comme moi ; mais je trouve que je dois périr plutôt que lui, puiſque c'eſt moi que tu as eu intention de faire mourir ; il ne ſeroit pas juſte qu'il ſouffrît pour me délivrer de la mort le ſupplice que tu m'as préparé.

DENIS.

Mais tu prétens ne meriter pas

plus la mort que lui.

PYTHIAS.

Il eſt vrai, nous ſommes tous deux également innocens. Et il n'eſt pas plus juſte de me faire mourir que lui.

DENIS.

Pourquoi dis-tu donc qu'il ne ſeroit pas juſte qu'il mourût au lieu de toi?

PYTHIAS.

Il eſt également injuſte à toi de faire mourir Damon, ou bien de me faire mourir. Mais Pythias ſeroit injuſte s'il laiſſoit ſouffrir à Damon une mort que le Tyran n'a préparée qu'à Pythias.

DENIS.

Tu ne viens donc au jour marqué que pour ſauver la vie à un ami en perdant la tienne?

PYTHIAS.

Je viens à ton égard ſouffrir une injuſtice qui eſt ordinaire aux

Tyrans ; & à l'égard de Damon faire une action de justice en le tirant d'un peril où il s'est mis par générosité pour moi.

DENIS.

Et toi Damon, ne craignois-tu pas, dis la verité, que Pythias ne reviendroit point, & que tu payerois pour lui ?

DAMON.

Je ne sçavois que trop que Pythias reviendroit ponctuellement, & qu'il craindroit bien plus de manquer à sa parole que de perdre la vie. Plût aux Dieux que ses proches & ses amis l'eussent retenu malgré lui, maintenant il seroit la consolation des gens de bien ; & j'aurois celle de mourir pour lui.

DENIS.

Quoi la vie te déplaît-elle ?

DAMON.

Oüi, elle me déplaît quand je vois un Tyran.

DENIS.

Hé bien, tu ne le verras plus. Je vais te faire mourir tout à l'heure.

PYTHIAS.

Excusez le transport d'une homme qui regrette son ami prêt à mourir. Mais souviens-toi que c'est moi seul que tu as destiné à la mort. Je viens la souffrir pour dégager mon ami, ne me refuse pas cette consolation dans ma derniere heure.

DENIS.

Je ne puis souffrir deux hommes qui méprisent la vie & ma puissance.

DAMON.

Tu ne peux donc souffrir la vertu ?

DENIS.

Non, je ne puis souffrir cette

vertu fiere & dédaigneuſe qui mépriſe la vie, qui ne craint aucun ſupplice, qui eſt inſenſible aux richeſſes & aux plaiſirs.

DAMON.

Du moins tu vois qu'elle n'eſt point inſenſible à l'honneur, à la juſtice & à l'amitié.

DENIS.

C'a qu'on emmene Pythias au ſupplice, nous verrons ſi Damon continuera à mépriſer mon pouvoir.

DAMON.

Pythias en revenant ſe ſoumettre à tes ordres il a mérité de toi que tu le faſſe vivre, & moi en me livrant pour lui à ton indignation, je t'ai irrité; contente-toi, fais-moi mourir.

PYTHIAS.

Non, non, Denis, ſouviens-toi que je ſuis le ſeul qui t'a déplû, Damon n'a pû....

DENIS.

Helas ! que vois-je, où suis-je ? que je suis malheureux & digne de l'être ! non, je n'ai rien connu jusques ici. J'ai passé ma vie dans les ténébres & dans l'égarement, toute ma puissance m'est inutile pour me faire aimer : je ne puis pas me vanter d'avoir acquis depuis plus de trente ans de tyrannie, un seul ami dans toute la terre; ces deux hommes dans une condition privée, s'aiment tendrement, se confient l'un à l'autre sans reserve, sont heureux en s'aimant, & veulent mourir l'un pour l'autre.

PYTHIAS.

Comment auriez-vous des amis vous qui n'avez jamais aimé personne ? Si vous aviez aimé les hommes ils vous aimeroient, vous les avez crains, ils vous craignent, ils vous haïssent.

DENIS.

Damon, Pythias, daignez me recevoir entre vous deux, pour être le troiſiéme ami d'une ſi parfaite ſocieté ; je vous laiſſe vivre, & je vous comblerai de biens.

DAMON.

Nous n'avons pas beſoin de tes biens, & pour ton amitié nous ne pouvons l'accepter que quand tu ſeras bon & juſte. Juſques-là tu ne peux avoir que des Eſclaves tremblans, & de lâches flateurs. Il faut être vertueux, bienfaiſant, ſociable, ſenſible à l'amitié, prêt à entendre la verité, & ſçavoir vivre dans une eſpece d'égalité avec de vrais amis, pour être aimé par des hommes libres.

*XX. DIALOGUE.

DION & GELON.

Dans un Souverain ce n'est pas l'homme qui doit regner, ce sont les Loix.

DION.

IL y a longtemps, ô merveilleux homme, que je desire de te voir; je sçai que Syracuse te dût autrefois sa liberté.

GELON.

Et moi je sçai que tu n'as pas eu assez de sagesse pour la lui rendre. Tu n'avois pas mal commencé contre le Tyran, quoiqu'il fut ton beau-frere: mais dans la suite, l'orgueil, la molesse & la défiance, vices d'un tyran, corrompoient peu à peu tes mœurs. Aussi les tiens mêmes t'on fait perir.

DION.

Peut-on gouverner une République sans être exposé aux traîtres & aux envieux?

GELON.

Ouy ſans doute, j'en ſuis une belle preuve. Je n'étois pas Syracuſain ; quoiqu'étranger, on me vint chercher pour me faire Roi ; on me fit accepter le Diadême ; je le portai avec tant de douceur & de moderation pour le bonheur des peuples, que mon nom eſt encore aimé & reveré par les citoyens, quoique ma famille qui a regné aprés moi, m'ait deshonoré par ſes vices. On les a ſoufferts pour l'amour de moi. Aprés cet exemple, il faut avoüer qu'on peut commander ſans ſe faire haïr. Mais ce n'eſt pas à moi qu'il faut cacher tes fautes, la proſperité t'avoit fait oublier la Philoſophie de ton ami Platon.

DION.

Hé quel moyen d'être Philoſophe ! quand on eſt le maître

de tout, & qu'on a des passions qu'aucune crainte ne retient.

GELON.

J'avouë que les hommes qui gouvernent les autres me font pitié; cette grande puissance de faire le mal est un horrible poison. Mais enfin j'étois homme comme toi, & cependant j'ai vêcu dans l'autorité royale jusqu'à une extrême vieillesse, sans abuser de ma puissance.

DION.

Je reviens toujours là. Il est facile d'être Philosophe dans une condition privée: mais quand on est au dessus de tout....

GILON.

Hé! c'est quand on se voit au dessus de tout qu'on a un plus grand besoin de Philosophie pour soi & pour les autres qu'on doit gouverner. Alors il faut être doublement sage, & borner au dedans par sa raison une puissance que rien ne borne au dehors.

DION.

Mais j'avois vû le vieux Denys mon beau-pere, qui avoit fini ses jours paisiblement dans la tyrannie ; je m'imaginois qu'il n'y avoit qu'à faire de même.

GELON.

Ne vois-tu pas que tu avois commencé comme un homme de bien qui veut rendre la liberté à sa patrie. Esperois-tu qu'on te souffriroit dans la tyrannie, puisqu'on ne s'étoit confié à toi, qu'àfin de renverser le tyran ? C'est un hazard quand les méchans évitent les dangers qui les environnent, encore même sont-ils assez punis par le besoin où ils se trouvent de se précautionner contre ces périls ; en répandant le sang humain, en desolant les Républiques ; ils n'ont aucun moment de repos ni de ſureté. Ils ne peuvent jamais goûter ni le plaiſir de la vertu, ni la douceur de l'amitié, ni celle de la confiance & d'une bonne réputation. Mais toi qui étois l'eſperance des gens de bien, qui promettois des vertus ſinceres, qui avois voulu établir la République de Platon, tu commencois à vivre en tyran, & tu croyois qu'on te laiſſeroit vivre.

DION.

Ho bien, ſi je retournois au monde, je laiſſerois les hommes ſe gouverner eux-mêmes comme ils pourroient. J'aimerois mieux m'aller cacher dans quelque Iſle déſerte, que de me charger de gouverner une République. Si on eſt méchant on a tout à craindre, ſi on eſt bon on a trop à ſouffrir.

GELON.

Les bons Rois, il eſt vrai, ont bien des peines à ſouffrir; mais ils jouïssent d'une tranquillité & d'un plaisir pur au dedans d'eux-mêmes, que les tyrans ignorent toute leur vie. Sçais-tu bien le secret de regner ainsi ? Tu devrois le sçavoir, car tu l'as souvent ouï dire à Platon.

D I O N.

Redis-le-moi de grace, car la bonne fortune me l'a fait oublier.

G E L O N.

Il ne faut pas que l'homme regne, il faut qu'il se contente de faire regner les Loix. S'il prend la Royauté pour lui il la gaste, & se perd lui-même. Il ne doit l'exercer que pour le maintien des Loix, & le bien des peuples.

D I O N.

Cela est bien aisé à dire, mais difficile à faire.

GELON.

Difficile, il eſt vrai, mais non pas impoſſible. Celui qui en parle l'a fait comme il te le dit. Je ne cherchai point l'autorité, elle me vint chercher; je la craignis, j'en connus tous les embarras, je ne l'acceptai que pour le bien des hommes; je ne leur fis jamais ſentir que j'étois le Maiſtre. Je leur fis ſeulement ſentir qu'eux & moi nous devions ceder à la raiſon & à la juſtice. Une vieilleſſe reſpectée, une mort qui a mis toute la Sicile en deuil, une réputation ſans tache & immortelle, une vertu recompenſée ici bas par le bonheur des Champs Elyſiens, ſont le fruit de cette Philoſophie ſi longtemps conſervée ſur le thrône.

DION.

Helas! je ſçavois tout ce que

Pagination incorrecte — date incorrecte

NF Z 43-120-12

tu me dis, je prétendois en faire autant; mais je ne me deffiois point de mes passions, & elles m'ont perdu. De grace souffrez que je ne te quitte plus.

GELON.

Non, tu ne peus estre admis parmi ces ames bienheureuses qui ont bien gouverné. Adieu.

XXI. DIALOGUE.

PLATON & DENIS LE TYRAN.

Un Prince ne peut trouver de veritable bonheur, & de sûreté que dans l'amour de ses Sujets.

DENIS LE TYRAN.

HE' bon jour, Platon ! Te voilà comme je t'ai vû en Sicile.

PLATON.

Pour toi, il s'en faut bien que tu ne sois ici aussi brillant que sur ton Trône.

DENIS LE TYRAN.

Tu n'étois qu'un Philosophe chimérique. Ta République n'étoit qu'un beau songe.

PLATON.

Ta tyrannie n'a pas été plus solide que ma République. Elle eſt tombée par terre.

DENIS LE TYRAN.

C'eſt ton ami Dion qui me trahît.

PLATON.

C'eſt toi qui te trahis toi-même. Quand on ſe fait haïr, on a tout à craindre.

DENIS LE TYRAN.

Mais auſſi, que n'en coute-t'il pas pour ſe faire aimer ? il faut contenter les autres. Ne vaut-il pas mieux ſe contenter ſoi-même au hazard d'être haï ?

PLATON.

Quand on ſe fait haïr pour contenter ſes paſſions, on a autant d'ennemis que de ſujets, on n'eſt jamais en ſûreté. Dis-moi la verité, dormois-tu en repos?

DENIS LE TYRAN.

Non, je l'avouë. C'eſt que je

n'avois pas encore fait mourir assez de gens.

PLATON.

Hé ne vois-tu pas que la mort des uns t'attiroit la haîne des autres? que ceux qui voyoient massacrer leurs voisins, attendoient de périr à leur tour, & ne pouvoient se sauver qu'en te prévenant? Il faut ou tuer jusqu'au dernier des Citoyens, ou abandonner la rigueur des peines pour tâcher de se faire aimer. Quand les peuples vous aiment, vous n'avez plus besoin de gardes, vous êtes au milieu de votre peuple, comme un pere qui ne craint rien au milieu de ses propres enfans.

DENIS LE TYRAN.

Je me souviens que tu me disois toutes ces raisons quand je fus sur le point de quitter la tyrannie pour être ton disciple; mais un flateur m'en empêcha. Il faut avoüer qu'il eſt bien difficile de renoncer à la puiſſance Souveraine.

PLATON.

N'auroit-il pas mieux valu la quitter volontairement pour être Philoſophe, que d'en être honteuſement dépoſſedé pour aller gagner ſa vie à Corinthe par le métier de Maître d'Ecole ?

DENIS LE TYRAN.

Mais je ne prévoyois pas qu'on me chaſſeroit.

PLATON.

Hé, comment pouvois-tu eſpérer de demeurer le Maître en un lieu où tu avois mis tout le monde dans la néceſſité de te perdre pour éviter ta cruauté ?

DENIS LE TYRAN.

J'eſperois qu'on n'oſeroit jamais m'attaquer.

PLATON.

Quand les hommes riſquent

davantage en vous laissant vivre qu'en vous attaquant, il s'en trouve toujours qui vous préviennent: vos propres gardes ne peuvent assurer leur vie qu'en vous arrachant la vôtre. Mais parles-moi franchement, n'as-tu pas vécu avec plus de douceur dans la pauvreté de Corinthe que dans ta splendeur de Syracuse ?

DENIS LE TYRAN.

Il est vrai. A Corinthe le Maître d'Ecole mangeoit & dormoit assez bien ; le Tyran à Syracuse avoit toujours des craintes & des défiances, il falloit égorger quelqu'un, ravir les trésors, faire des conquêtes ; les plaisirs n'étoient plus plaisirs, ils étoient usez pour moi, & ne laissoient pas de m'agiter avec trop de violence. Dis-moi aussi, Philosophe, te trouvois-tu bien malheureux quand je te fis vendre ?

PLATON.

J'avois dans l'esclavage le même repos que tu goûtois à Corinthe, avec cette difference, que j'avois le bonheur de souffrir pour la vertu par l'injustice du Tyran, & que tu étois le Tyran honteusement dépossedé de sa tyrannie.

DENIS LE TYRAN.

Va, je ne gagne rien à disputer contre toi ; si jamais je retourne au monde, je choisirai une condition privée, ou bien je me ferai aimer par le peuple que je gouvernerai.

XXII. DIALOGUE.

PLATON & ARISTOTE.

Critique de la Philoſophie d'Ariſtote, ſolidité des idées éternelles de Platon.

ARISTOTE.

AVez-vous oublié votre ancien Diſciple? Ne me connoiſſez-vous plus?

PLATON.

Je n'ai garde de reconnoître en vous mon Diſciple. Vous n'avez jamais ſongé qu'à paroître le Maître de tous les Philoſophes, & qu'à faire tomber dans l'oubli tous ceux qui vous ont précédé.

ARISTOTE.

C'eſt que j'ai dit des choſes originales, & que je les ai expliquées fort nettement. Je n'ai point pris le ſtile Poëtique, en cherchant le ſublime; je ne ſuis point tombé dans le galimatias. Je n'ai point donné dans les idées éternelles.

PLATON.

Tout ce que vous avez dit étoit tiré des Livres que vous avez tâché de ſuprimer. Vous avez parlé, j'en conviens, d'une maniere nette, préciſe, pure, mais ſéche & incapable de faire ſentir la ſublimité des véritez Divines. Pour les idées éternelles, vous vous en mocquerez tant qu'il vous plaira: mais vous ne ſçauriez vous en paſſer, ſi vous voulez établir quelques vérités certaines. Quel moïen d'aſſurer, ou de nier une choſe d'une autre, à moins qu'il n'y ait des idées de ces deux choſes qui ne changent point? Qu'eſt-ce que la raiſon, ſinon nos idées? Si nos idées changeoient, la raiſon ſeroit auſſi changeante,

changeante. Aujourd'hui le tout ſeroit plus grand que la patrie. Demain la mode en ſeroit paſſée, & la partie ſeroit plus grande que le tout. Ces idées éternelles que vous voulez tourner en ridicule, ne ſont donc que les premiers principes de la raiſon qui demeurent toujours les mêmes. Bien loin que nous puiſſions juger de ces premieres véritez, ce ſont elles qui nous jugent, & qui nous corrigent quand nous nous trompons. Si je dis une choſe extravagante, les autres hommes en rient d'abord, & j'en ſuis honteux : C'eſt que ma raiſon & celle de mes voiſins eſt une regle au deſſus de moi qui me vient redreſſer malgré moi, comme une regle véritable redreſſeroit une ligne tortuë que j'aurois tracée, faute de remonter aux idées qui ſont les premieres & les ſimples notions de chaque choſe. Vous n'avez point eu de principes aſſez fermes, & vous n'alliez qu'à tâtons.

ARISTOTE.

Y a-t'il rien de plus clair que ma Morale ?

PLATON.

Elle eſt claire, elle eſt belle, je l'avouë. Votre Logique eſt ſubtile, méthodique, exacte, ingénieuſe. Mais votre Phyſique, n'eſt qu'un amas de termes abſtraits, & de noms vagues pour accoûtumer les eſprits à ſe payer de mots, & à croire entendre ce qu'ils n'entendent pas. C'eſt en cette occaſion que vous auriez eu grand beſoin d'idées claires pour éviter le galimatias que vous reprochez aux autres. Un ignorant ſenſé avouë de bonne foi qu'il ne ſçait ce que c'eſt que la matiere premiere. Un de vos Diſciples croit dire des merveilles en diſant, qu'elle n'eſt ni quoi, ni quelle, ni combien, ni aucunes des choſes par leſquelles l'être eſt déterminé. Avec ce jargon un homme ſe croit grand Philoſophe, & mépriſe le vulgaire. Les Epicuriens venus après vous ont raiſonné plus ſenſément que vous, ſur le mouvement & ſur les figures des petits corps qui forment par leurs aſſemblages tous les compoſez que nous voyons. Au moins leur Phyſique explique pluſieurs choſes d'une maniere vrayſemblable. Il eſt vrai qu'ils n'ont jamais remonté juſqu'à l'idée & à la nature de ces petits corps. Ils ſuppoſent toujours ſans preuve des regles toutes faites, & ſans ſçavoir par qui; puis ils en tirent comme ils peuvent la compoſition de toute la nature ſenſible. Cette Philoſophie dans ſon principe eſt une pure fiction, il eſt vrai; mais enfin elle ſert à entendre beaucoup de choses dans la nature. Votre Physique n'enseigne que des mots ; ce n'est pas une Philosophie, ce n'est qu'une langue bizare. Tirésias vous menace qu'un jour il viendra d'autres Philosophes qui vous dépossédéront des Ecoles, où vous aurez regné long-tems, & qui feront tomber de bien haut votre réputation.

ARISTOTE.

Je voulois cacher mes principes, c'est ce qui m'a fait envelopper ma Physique.

PLATON.

Vous y avez si bien réüssi que personne ne vous entend ; ou du moins si on vous entend, on trouve que vous ne dites rien.

ARISTOTE.

Je ne pouvois rechercher toutes les véritez, ni faire toutes les expériences.

PLATON.

Personne ne le pouvoit aussi commodément que vous. Vous aviez l'autorité & l'argent d'Alé-xandre. Si j'avois eu les mêmes avantages j'aurois fait de belles découvertes.

ARISTOTE.

Que ne ménagiez-vous Denis le Tyran pour en tirer le même parti ?

PLATON.

C'est que je n'étois ni Courtisan ni flateur. Mais vous qui trouvez qu'on doit ménager les Princes, n'avez-vous pas perdu les bonnes graces de votre Disciple, par vos entreprises trop ambitieuses ?

ARISTOTE.

Helas, il n'est que trop vrai ! Ici bas même si quelquefois il se rappelle le tems de sa confiance pour moi, d'autres fois il ne daigne plus me reconnoître, & me regarde de travers.

PLATON.

C'est qu'il n'a point trouvé dans votre conduite la pure morale de vos Ecrits. Dites la vérité, vous ne ressembliez point à votre Magnanime.

ARISTOTE.

Et vous, n'avez-vous point parlé du mépris de toutes les choses terrestres & passageres, pendant que vous viviez magnifiquement?

PLATON.

Je l'avouë, mais j'étois considérable dans ma Patrie. J'y ai vécu avec modération & honneur. Sans autorité, ni ambition je me suis fait révérer des Grecs. Le Philosophe venu de Stagyre qui veut tout broüiller dans le Royaume de son Disciple, est un personnage qui en bonne Philosophie doit être fort odieux.

XXIII. DIALOGUE.

ALEXANDRE & ARISTOTE.

Quelques grandes que ſoient les qualitez naturelles d'un jeune Prince ; il a tout à craindre s'il n'éloigne les flateurs, & s'il ne s'accoûtume de bonneheure à reſiſter à ſes paſſions, & à aimer ceux qui auront le courage de lui dire la vérité.

ARISTOTE.

JE ſuis ravi de voir mon Diſciple. Quelle gloire pour moi d'avoir inſtruit le Vainqueur de l'Aſie !

ALEXANDRE.

Mon cher Ariſtote, je te revois avec plaiſir. Je ne t'avois point vû depuis que j'ai quitté la Macédoine. Mais je ne t'ai jamais oublié pendant mes conquêtes, tu le ſçais bien.

ARISTOTE.

Te ſouviens-tu de ta jeuneſſe qui étoit ſi aimable ?

ALEXANDRE.

Oüi, il me semble que je suis encore à Pella, ou à Pydne; que tu viens de Stagyre pour m'enseigner la Philosophie.

ARISTOTE.

Mais tu avois un peu négligé mes préceptes, quand la trop grande prosperité enyvra ton cœur.

ALEXANDRE.

Je l'avoüe. Tu sçais bien que je suis sincere. Maintenant que je ne suis plus que l'Ombre d'Alexandre je reconnois qu'Alexandre étoit trop hautain & trop superbe pour un mortel.

ARISTOTE.

Tu n'avois point pris mon Magnanime pour te servir de modelle?

ALEXANDRE.

Je n'avois garde. Ton Magnanime n'est qu'un Pédant. Il n'a

rien de vrai ni de naturel, il est guindé, & outré en tout.

ARISTOTE.

Mais, n'étois-tu pas outré dans ton Héroïsme? Pleurer de n'avoir pas encore subjugué un monde, quand on disoit qu'il y en avoit plusieurs: parcourir des Royaumes immenses pour les rendre à leurs Rois après les avoir vaincus: ravager l'Univers pour faire parler de toi: se jetter seul sur les remparts d'une Ville ennemie: vouloir passer pour une divinité. Tu es plus outré que mon Magnanime.

ALEXANDRE.

Me voilà donc revenu à ton école? Tu me dis toutes mes véritez comme si nous étions encore à Pella. Il n'auroit pas été trop sûr de me parler si librement sur les bords de l'Euphrate. Mais sur les bords du Styx, on écoute un

Censeur plus patiemment. Dis-moi donc, mon pauvre Aristote, toi qui sçait tout, d'où vient que certains Princes sont si jolis dans leur enfance, & qu'ensuite ils oublient toutes les bonnes maximes qu'ils ont apprises, lorsqu'il seroit question d'en faire quelque usage? A quoi sert-il qu'ils parlent dans leur jeunesse comme des Perroquets pour approuver tout ce qui est bon, & que la raison qui devroit croître en eux avec l'âge semble s'enfuir dès qu'ils sont entrez dans les affaires ?

ARISTOTE.

En effet, ta jeunesse fut merveilleuse; tu entretenois avec politesse les Ambassadeurs qui venoient chez Philippe, tu aimois les Lettres, tu lisois les Poëtes, tu étois charmé d'Homere, ton cœur s'enflâmoit au récit des vertus & des grandes actions des Heros. Quand tu pris Thébes tu respectas la Maison de Pindare: Ensuite tu allas en entrant dans l'Asie voir le tombeau d'Achille & les ruines de Troye. Tout cela marque un naturel humain & sensible aux belles choses. On vit encore ce beau naturel, quand tu confias ta vie au Medecin Philippe; mais sur tout lorsque tu traitas si bien la Famille de Darius, que ce Roi mourant se consoloit dans son malheur pensant que tu serois le pere de sa famille. Voilà ce que la Philosophie & le beau naturel avoient mis en toi. Mais le reste, je n'ose le dire.

ALEXANDRE.

Dis, dis, mon cher Aristote, tu n'as plus rien à ménager.

ARISTOTE.

Ce faste, ces mollesses, ces soupçons, ces cruautez, ces coleres, ces emportemens furieux contre tes amis, cette crédulité pour les lâches flateurs qui t'appelloient un Dieu.

ALEXANDRE.

Ah! tu dis vrai. Je voudrois être mort après avoir vaincu Darius.

ARISTOTE.

Quoi, tu voudrois n'avoir point subjugué le reste de l'Orient?

ALEXANDRE.

Cette conquête m'est moins glorieuse, qu'il ne m'est honteux d'avoir succombé à mes prospéritez & d'avoir oublié la condition humaine. Mais dis-moi donc, d'où vient qu'on est si sage dans l'enfance, & si peu raisonnable qaand il seroit tems de l'être?

ARISTOTE.

C'est que dans la jeunesse on est instruit, excité, corrigé par des gens de bien. Dans la suite on s'abandonne à trois sortes d'ennemis: à sa présomption, à ses passions, & aux flateurs.

XXIV. DIALOGUE.

ALEXANDRE & CLITUS.

Funeste délicatesse des Grands qui ne peuvent souffrir leurs veritables Serviteurs lorsqu'ils veulent leur faire connoître leurs défauts.

CLITUS.

BOn jour, grand Roi. Depuis quand es-tu descendu sur ces rives sombres?

ALEXANDRE.

Ah! Clitus, retire-toi, je ne puis supporter ta vûë, elle me reproche ma faute.

CLITUS.

Pluton veut que je demeure devant tes yeux, pour te punir de m'avoir tué injustement. J'en suis fâché, car je t'aime encore malgré le mal que tu m'as fait, mais je ne puis plus te quitter.

ALEXANDRE.

O la cruelle compagnie ! Voir toujours un homme qui rappelle le souvenir de ce qu'on a eu tant de honte d'avoir fait.

CLITUS.

Je regarde bien mon Meurtrier. Pourquoi ne sçaurois-tu pas regarder un homme que tu as fait mourir? Je vois bien que les grands sont plus délicats que les autres hommes : ils ne veulent voir que des gens contens d'eux, qui les flatent & qui fassent semblant de les admirer. Il n'est plus tems d'être délicat sur les bords du Styx. Il falloit quitter cette délicatesse en quittant cette grandeur Royale. Tu n'as plus rien à donner ici, & tu ne trouveras plus de flateurs.

ALEXANDRE.

Ah quel malheur ! Sur la terre j'étois un Dieu, ici je ne ſuis plus qu'une ombre, & on m'y reproche ſans pitié mes fautes.

CLITUS.

Pourquoi les faiſois-tu ?

ALEXANDRE.

Quand je te tuai j'avois trop bû.

CLITUS.

Voilà une belle excuſe pour un Heros & pour un Dieu ! Celui qui devoit être aſſez raiſonnable pour gouverner la terre entiere, perdoit par l'yvreſſe toute ſa raiſon, & ſe rendoit ſemblable à une bête féroce. Mais avouë de bonne foi la vérité, tu étois encore plus enyvré par la mauvaiſe gloire & par la colere que par le vin. Tu ne pouvois ſouffrir que je condamnaſſe ta vanité qui te faiſoit recevoir les honneurs divins, &

oublier les ſervices qu'on t'avoit rendus. Répond-moi ; je ne crains plus que tu me tuë.

ALEXANDRE.

O Dieux cruels, que ne puis-je me vanger de vous ! Mais helas ! je ne puis pas même me vanger de cette ombre de Clitus qui vient m'inſulter brutalement.

CLITUS.

Te voilà auſſi colere & auſſi fougueux que tu l'étois parmi les vivans. Mais perſonne ne te craint ici ; pour moi tu me fais pitié.

ALEXANDRE.

Quoi, le grand Alexandre faire pitié à un homme vil, tel que Clitus ? Que ne puis-je ou le tuer ou me tuer moi-même.

CLITUS.

Tu ne peux plus ni l'un ni l'autre, les ombres ne meurent point ; te voilà immortel, mais autrement que tu ne l'avois prétendu. Il faut te résoudre à n'être qu'une ombre comme moi & comme le dernier des hommes. Tu ne trouveras plus ici de Provinces à ravager, ni de Rois à fouler aux pieds, ni de Palais à brûler dans ton yvresse, ni de fables ridicules à compter pour te vanter d'être le fils de Jupiter.

ALEXANDRE.

Tu me traite comme un misérable.

CLITUS.

Non, je te reconnois pour un grand Conquérant, d'un naturel sublime; mais gâté par de trop grands succès. Te dire la vérité avec affection, est-ce t'offenser? Si la vérité t'offense, retourne sur la terre chercher tes flateurs.

ALEXANDRE.

A quoi donc me servira toute ma gloire si Clitus même ne m'épargne pas?

CLITUS.

C'eſt ton emportement qui a terni ta gloire parmi les vivans. Veux-tu la conſerver pure dans les Enfers ? il faut être modeſte avec des ombres qui n'ont rien à perdre ni à gagner avec toi.

ALEXANDRE.

Mais, tu diſois que tu m'aimois.

CLITUS.

Oüi, j'aime ta perſonne, ſans aimer tes défauts.

ALEXANDRE.

Si tu m'aimes, épargne-moi.

CLITUS.

Parce que je t'aime je ne t'épargnerai point. Quand tu parus ſi chaſte à la vüë de la femme & de la fille de Darius : Quand tu montras tant de généroſité pour ce Prince vaincu, tu méritois de grandes loüanges, je te les donnai. Enſuite la proſperité te fit oublier le soin de ta propre gloire même. Je te quitte, adieu.

XXV. DIALOGUE.

ALEXANDRE & DIOGENE.

La flaterie est pernicieuse aux Princes.

DIOGENE.

NE vois-je pas Alexandre parmi les morts ?

ALEXANDRE.

Tu ne te trompes pas, Diogene.

DIOGENE.

Hé, comment ! les Dieux meurent-t'ils ?

ALEXANDRE.

Non pas les Dieux, mais les hommes mortels par leur nature.

DIOGENE.

Mais crois-tu n'être qu'un simple homme ?

ALEXANDRE.

Hé, pourrois-je avoir un autre ſentiment de moi-même ?

DIOGENE.

Tu es bien modeſte après ta mort. Rien n'auroit manqué à ta gloire, Alexandre, ſi tu l'avois été autant pendant ta vie.

ALEXANDRE.

En quoi donc me ſuis-je ſi fort oublié ?

DIOGENE.

Tu le demandes, toi qui non content d'être fils d'un grand Roi, qui s'étoit rendu maître de la Grece entiere, prétendois venir de Jupiter ? On te faiſoit la Cour, en te diſant qu'un Serpent s'étoit approché d'Olympias. Tu aimois mieux avoir ce Monſtre pour pere, parce que cela flatoit davantage ta vanité, que d'être deſcendu de pluſieurs Rois de Macédoine, parce que tu ne trouvois rien dans cette naiſſance au-deſſus de l'humanité. Ne ſouffrois-tu pas les baſſes & honteuſes flateries de la Prêtreſſe de Jupiter Ammon. Elle répondit que tu blaſphemois en ſuppoſant que ton pere pouvoit avoir des meurtriers ; tu ſçus profiter de ſes ſalutaires avis, & tu évitas avec un grand ſoin de tomber dans la ſuite dans de pareilles impiétez. O homme trop foible pour ſupporter les talens que tu avois reçu du Ciel !

ALEXANDRE.

Crois-tu, Diogene, que j'aye été aſſez inſenſé pour ajoûter foi à toutes ces fables ?

DIOGENE.

Pourquoi donc les autoriſois-tu ?

ALEXANDRE.

C'eſt qu'elles m'autoriſoient moi-même. Je les mépriſois, & je m'en ſervois, parce qu'elles me donnoient un pouvoir abſolu ſur les hommes. Ceux qui auroient peu conſidéré le fils de Philippe, trembloient devant le fils de Jupiter. Les peuples ont beſoin d'être trompez, la vérité eſt foible auprès d'eux; le menſonge eſt tout-puiſſant ſur leur eſprit. La ſeule réponſe de la Prêtreſſe dont tu parles avec dériſion, a plus avancé mes conquêtes, que mon courage & toutes les reſſources de mon eſprit. Il faut connoître les hommes, ſe proportionner à eux, & les mener par les voyes par leſquelles ils ſont capables de marcher.

DIOGENE.

Les hommes du caractére que tu dépeins ſont dignes de mépris, comme l'erreur à laquelle ils ſont livrez; pour être eſtimez de ces hommes ſi vils, tu as eu recours au menſonge qui t'a rendu plus indigne qu'eux.

XXVI. DIALOGUE.

DIOGENE & DENIS L'ANCIEN.

Un Prince qui fait consister son bonheur & sa gloire à satisfaire ses voluptez & ses passions, n'est heureux ni en cette vie ni en l'autre.

DENIS L'ANCIEN.

JE suis ravi de voir un homme de ta réputation. Alexandre m'a parlé de toi depuis qu'il est descendu en ces lieux.

DIOGENE.

Pour moi je n'avois que trop entendu parler de toi sur la terre. Tu y faisois du bruit comme les torrens qui ravagent tout.

DENIS L'ANCIEN.

Est-il vrai que tu étois heureux dans ton tonneau?

DIOGENE.

Une marque certaine que j'y étois heureux, c'est que je ne cherchai jamais rien, & que je méprisai même les offres de ce jeune Macédonien dont tu parles. Mais n'est-il pas vrai que tu n'étois point heureux en possedant Syracuse & la Sicile, puisque tu voulois encore entrer par Rhege dans toute l'Italie ?

DENIS L'ANCIEN.

Ta modération n'étoit que vanité & affectation de vertu.

DIOGENE.

Ton ambition n'étoit que folie, qu'un orgueil forcené qui ne peut faire justice ni aux autres ni à soi.

DENIS L'ANCIEN.

Tu parles bien hardiment.

DIOGENE.

Et toi t'imagines-tu être encore Tyran ici ?

DENIS L'ANCIEN.

Helas ! je ne ſens que trop que je ne ſuis plus. Je tenois les Syracuſains, comme je m'en ſuis vanté bien des fois, dans des chaînes de diamans; mais le Cizeau des Parques a coupé ces chaînes avec le fil de mes jours.

DIOGENE.

Je t'entens ſoûpirer, & je ſuis ſûr que tu ſoûpirois auſſi dans ta gloire. Pour moi je ne ſoûpirois point dans mon tonneau, & je n'ai que faire de ſoûpirer ici bas; car je n'ai laiſſé en mourant aucun bien digne d'être regretté. O mon pauvre Tyran ! que tu as perdu à être ſi riche; & que Diogene a gagné à ne poſſeder rien !

DENIS LE TYRAN.

Tous les plaiſirs en foule venoient s'offrir à moi : ma Muſique étoit admirable : j'avois une table exquiſe, des eſclaves ſans nombre, des parfums, des meubles d'or & d'argent, des tableaux, des statuës, des ſpectacles de toutes les façons, des gens d'eſprit pour m'entretenir, & pour me loüer, des armées pour vaincre tous mes ennemis.

DIOGENE.

Et par-deſſus tout cela des ſoupçons, des allarmes & des fureurs, qui t'empêchoient de joüir de tant de biens.

DENIS L'ANCIEN.

Je l'avouë ; mais auſſi quel moyen de vivre dans un tonneau ?

DIOGENE.

Hé, qui t'empêchoit de vivre paiſiblement en homme de bien comme un autre dans ta maiſon, & d'embraſſer une douce Philoſophie ? Mais il eſt vrai que tu croyois toujours voir un glaive ſuſpendu ſur ta tête au milieu des plaiſirs.

DENIS L'ANCIEN.

N'en parlons plus, tu veux m'inſulter.

DIOGENE.

Souffriras-tu une autre queſtion auſſi forte que celle-là?

DENIS L'ANCIEN.

Il faut bien la ſouffrir, je n'ai plus de menaces à te faire pour t'en empêcher, je ſuis ici bien déſarmé.

DIOGENE.

Avois-tu promis des récompenſes à tous ceux qui inventeroient de nouveaux plaiſirs? C'étoit une étrange rage pour la volupté. O que tu t'étois bien mécompté! Avoir tout renverſé dans ſon pays pour être heureux, & être ſi miſérable & ſi affamé de plaiſirs!

DENIS L'ANCIEN.

Il falloit bien tâcher d'en faire inventer de nouveaux, puiſque tous les plaiſirs ordinaires étoient uſez pour moi.

DIOGENE.

La nature entiere ne te ſuffiſoit donc pas? Hé qu'eſt-ce qui auroit pû appaiſer tes paſſions furieuſes? Mais les plaiſirs nouveaux auroient-ils pû guérir tes défiances & étouffer les remords de tes crimes?

DENIS L'ANCIEN.

Non: mais les malades cherchent comme ils peuvent à ſe ſoulager dans leurs maux. Ils eſſayent de nouveaux remedes pour ſe guérir, & de nouveaux mets pour ſe ragoûter.

DIOGENE.

Tu étois donc dégoûté & affamé tout enſemble: dégoûté de tout ce que tu avois, affamé de tout ce que tu ne pouvois avoir. Voilà un bel état, & c'eſt-là ce que tu as pris tant de peine à acquerir & à conſerver. Voilà une belle recette pour ſe faire heureux. C'eſt bien à toi à te moquer de mon tonneau, où un peu d'eau, de pain & de Soleil, me rendoit content. Quand on ſçait goûter ces plaiſirs ſimples de la pure nature, ils ne s'uſent jamais & on n'en manque point. Mais quand on les mépriſe on a beau être riche & puiſſant on manque de tout : car on ne peut joüir de rien.

DENIS L'ANCIEN.

Ces véritez que tu dis m'affligent ; car je penſe à mon fils que j'ai laiſſé Tyran après moi ; il ſeroit plus heureux ſi je l'avois laiſſé pauvre artiſan, accoûtumé à la moderation, & inſtruit par la mauvaiſe fortune ; au moins il auroit quelques vrais plaiſirs que la nature ne refuſe point dans les conditions médiocres.

DIOGENE.

Pour lui rendre l'appetit, il faudroit lui faire ſouffrir la faim ; & pour lui ôter l'ennui de ſon Palais doré, le mettre dans mon tonneau vacant depuis ma mort.

DENIS L'ANCIEN.

Encore ne ſçaura-t'il pas ſe ſoûtenir dans cette puiſſance que j'ai eu tant de peine à lui préparer.

DIOGENE.

Hé que veux-tu que ſçache un homme élevé dans la molleſſe & né dans une trop grande proſperité ? A peine ſçait-il prendre le plaiſir quand il vient à lui. Il faut que tout le monde ſe tourmente pour le divertir.

XXVII. DIALOGUE.

PYRRON & SON VOISIN.

Fausseté, & absurdité du Pyrronisme.

LE VOISIN.

BOn jour Pyrron. On dit que vous avez bien des disciples & que votre école a une haute réputation : Voudriez-vous bien me recevoir & m'instruire ?

PYRRON.

Je le veux, ce me semble.

LE VOISIN.

Pourquoi donc ajoûtez-vous, ce me semble ? Est-ce que vous ne sçavez pas que vous voulez ? Si vous le ne sçavez pas, qui le sçaura donc ? Et que sçavez-vous donc, vous qui passez pour un si sçavant homme ?

PYRRON.

Moi, je ne sçai rien.

LE VOISIN.

Qu'apprend-t'on donc en vous écoutant ?

PYRRON.

Rien du tout.

LE VOISIN.

Pourquoi donc vous écoute-t'on ?

PYRRON.

Pour se convaincre de son ignorance. N'est-ce pas sçavoir beaucoup que de sçavoir qu'on ne sçait rien ?

LE VOISIN.

Non, ce n'est pas sçavoir grand'-chose. Un Païsan bien grossier & bien ignorant connoît son ignorance, & il n'est pourtant ni Philosophe ni habile homme; il connoît pourtant mieux son ignorance que vous la vôtre; car vous vous croyez au-dessus de tout le genre humain en affectant d'ignorer toutes choses. Cette ignorance affectée ne vous ôte point la présomption, au lieu que le Païsan qui connoît son ignorance, se défie de lui-même en toutes choses & de bonne foi.

PYRRON.

Le Païsan ne croit ignorer que certaines choses élevées & qui demandent de l'étude, mais il ne croit pas ignorer qu'il marche, qu'il parle, qu'il vit. Pour moi, j'ignore tout cela, & par principe.

LE VOISIN.

Quoi, vous ignorez tout cela de vous? Beaux principes de n'en admettre aucuns!

PYRRON.

Oüi, j'ignore si je vis, si je suis. En un mot, j'ignore toutes choses sans exception.

LE VOISIN.

Mais ignorez-vous que vous pensez ?

PYRRON.

Oüi, je l'ignore.

LE VOISIN.

Ignorer toutes choses, c'est douter de toutes choses & ne trouver rien de certain, n'est-il pas vrai ?

PYRRON.

Il est vrai, si quelque chose le peut être.

LE VOISIN.

Ignorer & douter, c'est la même chose. Douter & penser sont encore la même chose; donc vous ne pouvez douter sans penser. Votre doute est donc la preuve certaine que vous pensez. Donc il y a quelque chose de certain, puisque votre doute même prouve la certitude de votre pensée.

PYRRON.

J'ignore même mon ignorance. Vous voilà bien attrapé.

LE VOISIN.

Si vous ignorez votre ignorance pourquoi en parlez-vous ? Pourquoi la défendez-vous ? Pourquoi voulez-vous la persuader à vos disciples, & les détromper de tout ce qu'ils ont jamais crû ? Si vous ignorez jusqu'à votre ignorance il n'en faut plus donner les leçons, ni mépriser ceux qui croyent sçavoir la vérité.

PYRRON.

Toute la vie n'est peut-être qu'un songe continuel. Peut-être que le moment de la mort sera un réveil soudain où l'on découvrira l'illusion de ce qu'on a cru de plus réel ; comme un homme qui s'éveille voit disparoître tous les phantômes qu'il croit voir & toucher pendant ses songes.

LE VOISIN.

Vous craignez donc de dormir & de rêver les yeux ouverts? Vous dites de toutes choſes, peut-être: mais ce peut-être que vous dites eſt une penſée. Votre ſonge tout faux qu'il eſt, eſt pourtant le ſonge d'un homme qui rêve. Tout au moins il eſt ſûr que vous rêvez; car il faut être quelque choſe, & quelque choſe de penſant pour avoir des ſonges. Le néant ne peut ni dormir, ni rêver, ni ſe tromper, ni ignorer, ni douter, ni dire peut-être. Vous voilà donc malgré vous condamné à ſçavoir quelque choſe qui eſt votre rêverie, & à être tout au moins un être rêveur & penſant.

PYRRON.

Cette ſubtilité m'embarraſſe. Je ne veux point d'un Diſciple ſi ſubtil & ſi incommode dans mon école.

LE VOISIN.

Vous voulez donc & vous ne voulez pas. En vérité tout ce que vous dites & tout ce que vous faites dément votre doute affecté. Votre Secte eſt une Secte de menteurs. Si vous ne voulez point de moi pour Diſciple, je veux encore moins de vous pour Maître.

XXVIII. DIALOGUE.

PIRRHUS & DEMETRIUS-POLIORCERTES.

La Temperance & la vertu rendent les Hommes Heros, & non pas les Conquêtes & les Succès.

DEMETRIUS.

JE viens saluer ici le glus grand Heros que la Grece ait eu après Alexandre.

PIRRHUS.

N'est-ce pas-là Demetrius que j'apperçois ? Je le connois au portrait qu'on m'en a fait ici.

DEMETRIUS.

Avez vous entendu parler des grandes guerres que j'ai eu à soûtenir ?

PIRRHUS.

Oüi ; mais j'ai aussi entendu

parler de votre mollesse & de votre lâcheté pendant la paix.

DEMETRIUS.

Si j'ai eu un peu de mollesse, mes grandes actions l'ont bien réparée.

PIRRHUS.

Pour moi dans toutes les guerres que j'ai fait, j'ai toujours été ferme. J'ai montré aux Romains que je sçavois soûtenir mes alliez ; car lorsqu'ils attaquérent les Tarentins, je passai à leur secours avec une Armée formidable, & fis sentir aux Romains la force de mon bras.

DEMETRIUS.

Mais Fabricius eut enfin bon marché de vous, & on voyoit bien que vos troupes n'étoient pas comparables aux Romaines. Vos Elephans furent cause de votre victoire, ils troublerent les Romains qui n'étoient pas accoutumez à cette maniere de combattre. Mais dès le ſecond combat l'avantage fut égal de part & d'autre ; dans le troiſiéme les Romains remporterent une pleine victoire. Vous fûtes contraint de repaſſer en Epire, & enfin vous mourûtes de la main d'une femme.

PIRRHUS.

Je mourus en combattant ; mais pour vous je ſçais ce qui vous a mis au tombeau. Ce ſont vos débauches & votre gourmandiſe. Vous avez ſoûtenu de rudes guerres, je l'avouë, & même vous avez eu de l'avantage. Mais au milieu de ces guerres vous étiez environné d'un troupeau de courtiſannes qui vous ſuivoient inceſſamment comme des moutons ſuivent leur Berger. Pour moi je me ſuis montré ferme en toutes ſortes d'occaſions, même dans mes malheurs,

& je crois en cela avoir ſurpaſſé Alexandre.

DEMETRIUS.

Oüi, ſes actions ont bien ſurpaſſé les vôtres : paſſer le Danube ſur des peaux de Boucs, forcer le paſſage du Granique avec très-peu de troupes contre une multitude infinie de Soldats ; battre toujours les Perſes en plaine, en défilé; prendre leurs Villes, percer juſqu'aux Indes; enfin ſubjuguer toute l'Aſie. Cela eſt bien plus grand qu'entrer en Italie, & être obligé d'en ſortir honteuſement.

PIRRHUS.

Par ces grandes conquêtes. Alexandre s'attira la mort : car on prétend qu'Antipater qu'il avoit laiſſé en Macedoine le fit empoiſonner à Babylone pour avoir tous ſes Etats.

DEMETRIUS.

Son eſpérance fut vaine, & mon

pere lui montra bien qu'il se joüoit à plus fort que lui.

PIRRHUS.

J'avouë que je donnai un mauvois exemple à Alexandre, car j'avois dessein de conquérir l'Italie. Mais lui, il vouloit se faire Roi du monde, & il auroit été bien plus heureux en demeurant Roi de Macédoine qu'en courant par toute l'Asie comme un insensé.

XXIX. DIALOGUE.

DEMOSTHENE & CICERON.

Paralelle de ces deux Orateurs, où l'on donne le Caractere de la veritadle Eloquence.

CICERON.

QUoi ! prétens-tu que j'ai été un Orateur médiocre ?

DEMOSTHENE.

Non pas médiocre; car ce n'est pas sur une personne médiocre que je prétens avoir la supériorité. Tu as été sans doute un Orateur célébre. Tu avois de grandes parties; mais souvent tu t'es écarté du point en quoi consiste la perfection.

CICERON.

Et toi n'as-tu point eu de défauts ?

DEMOSTHENE.

Je crois qu'on ne m'en peut reprocher aucun pour l'éloquence.

CICERON.

Peux-tu comparer la richesse de ton génie à la mienne ? toi qui es sec, sans ornement ; qui es toujours contraint par des bornes étroites & resserrées ; toi qui n'étens aucun sujet ; toi à qui on ne peut rien retrancher, tant la maniere dont tu traite les sujets, est, si j'ose me servir de ce terme, affamée ; au lieu que je donne aux miens une étenduë qui fait paroître une abondance & une fertilité de génie qui a fait dire qu'on ne pouvoit rien ajoûter à mes Ouvrages.

DEMOSTHENE.

Celui à qui on ne peut rien retrancher n'a rien dit que de parfait.

CICERON.

Celui à qui on ne peut rien ajoûter n'a rien obmis de tout ce qui pouvoit embellir son Ouvrage.

DEMOSTHENE.

Ne trouves-tu pas tes Discours plus remplis de traits d'esprit que les miens? Parle de bonne foi, n'est-ce pas-là la raison par laquelle tu t'éleves au dessus de moi?

CICERON.

Je veux bien te l'avoüer, puisque tu me parles ainsi : Mes pieces sont infiniment plus ornées que les tiennes. Elles marquent bien plus d'esprit, de tour, d'art, de facilité. Je fais paroître la même chose sous vingt manieres differentes. On ne pouvoit s'empêcher en entendant mes Oraisons d'admirer mon esprit, d'être continuellement surpris de mon art, de s'écrier sur moi, de m'interrompre pour m'applaudir & me donner des loüanges. Tu devois être écouté fort tranquillement, & apparemment tes Auditeurs ne t'interrompoient pas ?

DEMOSTHENE.

Ce que tu dis de nous deux

eſt vrai. Tu ne te trompe que dans la concluſion que tu en tire. Tu occupois l'Aſſemblée de toi-même, & moi je ne l'occupois que des affaires dont je parlois. On t'admiroit, & moi j'étois oublié par mes auditeurs qui ne voyoient que le parti que je voulois leur faire prendre. Tu réjoüiſſois par les traits de ton eſprit, & moi je frappois, j'abattois, j'aterrois par des coups de foudre. Tu faiſois dire : Qu'il parle bien ! Et moi je faiſois dire : Allons, marchons contre Philippe. On te loüoit. On étoit trop hors de ſoi pour me loüer. Quand tu haranguois, tu paroiſſois orné; on ne découvroit en moi aucun ornement; il n'y avoit dans mes pieces que des raiſons préciſes, fortes, claires : enſuite des mouvemens ſemblables à des foudres auſquels on ne pouvoit réſiſter. Tu as été un Orateur parfait quand tu as été comme moi ſimple, grave, auſtere, ſans art apparent; en un mot quand tu as été Démoſthénique : mais lorſqu'on a ſenti en tes diſcours, l'eſprit, le tour, & l'art; alors tu n'étois que Ciceron, t'éloignant de la perfection, autant que tu t'éloignois de mon caractere.

XXX.

XXX. DIALOGUE.

DEMOSTHENE, & CICERON.

Difference entre l'Orateur, & le véritable Philosophe.

CICERON.

POur avoir vécu du tems de Platon, & avoir même été son Disciple, il me semble que vous avez bien peu profité de cet avantage.

DEMOSTHENE.

N'avez-vous donc rien remarqué dans mes Oraisons, vous qui les avez si bien lûës, qui sentît les maximes de Platon, & sa maniere de persuader?

CICERON.

Ce n'est pas ce que je veux dire; vous avez été le plus grand

Orateur des Grecs ; mais enfin vous n'avez été qu'Orateur. Pour moi quoyque je n'aye jamais connu Platon que dans ses Ecrits, & que j'aye vécu environ trois cens ans après lui, je me suis efforcé de l'imiter dans la Philosophie ; je l'ai fait connoître aux Romains, & j'ai le premier introduit chez eux ce genre d'écrire ; en sorte que j'ai rassemblé autant que j'en ai été capable en une même personne, l'Eloquence & la Philosophie.

DEMOSTHENE.

Et vous croyez avoir été un grand Philosophe.

CICERON.

Il suffit pour l'être d'aimer la sagesse, & de travailler à acquerir la science & la vertu ; je crois me pouvoir donner ce titre sans trop de vanité.

DEMOSTHENE.

Pour Orateur j'en conviens ;

vous avez été le premier de votre nation ; & les Grecs même de votre tems vous ont admiré ; mais pour Philosophe, je ne puis en convenir : on ne l'est pas à si bon marché.

CICERON.

Vous ne sçavez pas ce qu'il m'en a coûté : mes veilles, mes travaux, mes méditations, les livres que j'ai lûs, les Maîtres que j'ai écoutez, les traitez que j'ai composé.

DEMOSTHENE.

Tout cela n'est point la Philosophie.

CICERON.

Que faut-il donc de plus ?

DEMOSTHENE.

Il faut faire ce que vous avez dit de Caton en vous morquant de lui : Etudier la Philosophie, non pour découvrir les veritez qu'elle enseigne, afin d'en raisonner comme ſont la plûpart des hommes, mais pour la réduire en pratique.

CICERON.

Et ne l'ai-je pas fait ? n'ai-je pas vécu conformément à la doctrine de Platon, & d'Ariſtote que j'avois embraſſée ?

DEMOSTHENE.

Laiſſons Ariſtote ; je lui diſputerois peut-être la qualité de Philoſophe, & je ne puis avoir grande opinion d'un Grec, qui s'eſt attaché à un Roi, & encore à Philippe : Pour Platon, je vous maintiens que vous n'avez jamais ſuivi ſes maximes.

CICERON.

Il eſt vrai que dans ma jeuneſſe, & pendant la plus grande partie de ma vie, j'ai ſuivi la vie active & laborieuſe de ceux que Platon appelle *Politiques* : mais quand j'ai vû que ma patrie avoit changé de face, & que je ne pouvois plus lui être utile par les grands Emplois, j'ai cherché à la servir par les sciences, & je me suis retiré dans mes maisons de campagne, pour m'appliquer à la contemplation, & à l'étude de la verité.

DEMOSTHENE.

C'est à dire, que la Philosophie a été votre pis-aller, quand vous n'avez plus eu de part au gouvernement, & que vous avez voulu vous distinguer par vos études: car vous y avez plus cherché la gloire que la vertu.

CICERON.

Il ne faut point mentir, j'ai toujours aimé la gloire comme une suite de la vertu.

DEMOSTHENE.

Dites-mieux, beaucoup la gloire, & peu la vertu.

CICERON.

Sur quel fondement jugez-vous si mal de moi?

DEMOSTAENE.

Sur vos propres discours; dans le même tems que vous faisiez le Philosophe, n'avez vous pas prononcé ces beaux discours, où vous flattiez Cesar votre Tyran, plus bassement que Philippe ne l'étoit par ses Esclaves? Cependant on sçait comme vous l'aimiez; il y a bien paru après sa mort, & de son vivant vous ne l'épargniez pas dans vos Lettres à Atticus.

CICERON.

Il falloit bien s'accommoder au tems, & tâcher d'adoucir le Tyran, de peur qu'il ne fît encore pis.

DEMOSTHENE.

Vous parlez en bon Orateur, & en mauvais Philosophe; mais que devint votre Philosophie après sa mort? qui vous obligea de rentrer dans les affaires?

CICERON.

Le Peuple Romain, qui me regardoit comme ſon unique appui.

DEMOSTHENE.

Votre vanité vous le fit croire, & vous livra à un jeune homme dont vous étiez la dupe: mais enfin revenons au point; vous avez toujours été Orateur, & jamais Philoſophe.

CICERON.

Vous, avez-vous jamais été autre choſe?

DEMOSTHENE.

Non, je l'avouë, mais auſſi n'ai-je jamais fait autre profeſſion? je n'ai trompé perſonne, j'ai compris de bonne-heure, qu'il falloit choiſir entre la Rhetorique & la Philoſophie; que chacune demandoit un homme entier. Le déſir de la gloire m'a touché, j'ai crû qu'il étoit beau de gouverner un Peuple par mon Eloquence, & de resister à la puissance de Philippe; n'étant qu'un simple Citoyen fils d'un artisan; j'aimois le bien public, & la liberté de la Gréce; mais je l'avouë à present, je m'aimois encore plus moi-même, & j'étois fort sensible au plaisir de recevoir une Couronne en plein Théatre, & de laisser ma Statuë dans la Place publique avec une belle inscription. Maintenant je vois les choses d'une autre maniere, & je comprens que Socrate avoit raison, quand il soutenoit à Gorgias, *que l'Eloquence n'étoit pas une si belle chose qu'il pensoit; dût-il arriver à sa fin, & rendre un homme maître absolu dans sa Républi-que*. Nous y sommes arrivez vous & moi: avoüez que nous n'en avons pas été plus heureux.

CICERON.

Il est vrai que notre vie n'a été pleine que de travaux & de périls. Je n'eus pas sitôt défendu Roscius, qu'il fallut m'enfuïr en Gréce, pour éviter l'indignation de Sylla. L'accusation de Verrés m'attira bien des ennemis. Mon Consulat, le tems de ma plus grande gloire, fut aussi le tems de mes plus grands travaux, & de mes plus grands périls. Je fus plusieurs fois en danger de ma vie, & la haine dont je me chargeai alors, éclata ensuite par mon exil. Enfin ce n'est que mon Eloquence qui a causé ma mort; & si j'avois moins poussé Antoine, je serois encore en vie. Je ne vous dis rien de vos malheurs, il seroit inutile de vous les rappeller: mais il ne nous en faut prendre l'un & l'autre qu'au Destin, ou si vous voulez à la Fortune, qui nous a fait naître dans des tems si corrompus, qu'il étoit impossible de redresser nos Républiques, ni même d'empêcher leur ruine.

DEMOSTHENE.

C'est en quoi nous avons manqué de jugement, entreprenans l'impossible; car ce n'est point notre Peuple qui nous a forcez à prendre soin des affaires publiques, & nous n'y étions point engagez par notre naissance. Je pardonne à un Prince né dans la Pourpre de gouverner le moins mal qu'il peut un Etat que les Dieux lui ont confié, en le faisant naître d'une certaine race, puisqu'il ne lui est pas libre de l'abandonner, en quelque mauvais état qu'il se trouve: Mais un simple particulier ne doit ſonger qu'à ſe regler ſoi-même & gouverner ſa famille ; il ne doit jamais deſirer les Charges publiques, moins encore les rechercher : ſi on le force à les prendre, il peut les accepter par l'amour de la Patrie ; mais dès qu'il n'a pas la liberté de bien faire, & que ſes Citoyens n'écoutent plus les loix, ni la raiſon, il doit rentrer dans la vie privée, & ſe contenter de déplorer les calamitez publiques qu'il ne peut détourner.

CICERON.

A votre compte, mon ami Pomponius Atticus étoit plus ſage que moi, & que Caton même que nous avons tant vanté.

DEMOSTHENE.

Oüi ſans doute, Atticus étoit un vrai Philoſophe : Caton s'opipiniâtra mal à propos à vouloir redresser un Peuple qui ne vouloit plus vivre en liberté, & vous cédâtes trop facilement à la fortune de César ; du moins vous ne conservâtes pas assez votre dignité.

CICERON.

Mais, enfin l'Eloquence n'est-elle pas une bonne chose, & un grand present des Dieux?

DEMOSTHENE.

Elle est très-bonne en elle-même : Il n'y a que l'usage qui en peut être mauvais, comme de flatter les passions du Peuple, ou de contenter les nôtres ; & que faisions-nous autre chose dans nos Déclamations ameres contre nos ennemis ? moi contre Midias ou Echine, vous contre Pison, Vatinius, ou Antoine. Combien nos passions, & nos interêts nous ont-ils fait offenser la vérité & la justice? Le véritable usage de l'Eloquence est de mettre la vérité en son jour, & de persuader aux autres ce qui leur est véritablement utile : c'est à dire, la Justice & les autres Vertus ; c'est l'usage qu'en a fait Platon, que nous n'avons imité ni l'un ni l'autre.

XXXI. DIALOGUE.

CARIOLANUS & CAMILLUS.

Les hommes ne naiſſent pas indépendans, mais ſoumis aux Loix de la Patrie où ils ſont nez, & où ils ont été élevez, & protegez dans leur enfance.

CORIOLANUS.

HE' bien, vous avez ſenti comme moi l'ingratitude, de la Patrie. C'eſt un étrange choſe, que de ſervir un peuple inſenſé. Avoüez-le de bonne foi, & excuſez un peu ceux à qui la patience échappe.

CAMILLUS.

Pour moi je trouve qu'il n'y a jamais d'excuſe pour ceux qui s'élevent contre leur Patrie. On peut ſe retirer, céder à l'injuſtice, attendre des tems moins rigoureux; mais c'eſt une impieté, que de prendre les armes contre la mere qui nous a fait naître.

CORIOLANUS.

Ces grands noms de Mere & de Patrie ne ſont que des noms. Les hommes naiſſent libres & indépendans : les Societez avec toutes leurs ſubordinations & leurs polices font des inſtitutions humaines qui ne peuvent jamais détruire la liberté eſſentielle à l'homme. Si la Societé d'hommes dans laquelle nous ſommes nez manque à la juſtice, & à la bonne foi, nous ne lui devons plus rien, nous rentrons dans les droits naturels de notre liberté, & nous pouvons aller chercher quelque autre Societé plus raiſonnable, pour y vivre en repos, comme un voyageur paſſe de ville en ville ſelon ſon goût & ſa commodité. Toutes ces belles idées de Patrie ont été données par des eſprits artificieux & pleins d'ambition pour nous dominer. Les Légiſlateurs nous en ont bien fait à croire ; mais il faut toujours revenir au droit naturel qui rend chaque homme libre & indépendant, chaque homme étant né dans cette indépendance à l'égard des autres, il n'engage la liberté, en ſe mettant dans la Societé d'un Peuple, qu'à condition, qu'il ſera traité équitablement ; dès que la Societé manquera à la condition, le particulier rentre dans ſes droits, & la terre entiere eſt à lui auſſi-bien qu'aux autres. Il n'a qu'à ſe garentir d'une force ſuperieure à la ſienne, & qu'à joüir de ſa liberté.

CAMILLUS.

Vous voilà devenu bien ſubtil Philoſophe ici-bas ; on dit que vous étiez moins adonné aux raiſonnemens pendant que vous étiez vivant. Mais ne voyez-vous pas votre erreur ? ce pacte avec une Societé peut avoir quelque vraysemblance, quand un homme choisit un pays pour y vivre, encore même est-on en droit de le punir selon les Loix de la Nation, s'il s'y est aggrégé, & qu'il n'y vive pas selon les mœurs de la République. Mais les Enfans qui naissent dans un pays ne choisissent point leur Patrie. Les Dieux la leurs donnent, ou plutôt les donnent eux-mêmes à cette Societé d'hommes qui est leur Patrie, afin que cette patrie les possede, les gouverne, les recompense, les punisse commes ses Enfans. Ce n'est point le choix, la police, l'art, l'institution arbitraire, qui assujettit les enfans à un pere, c'est la nature qui la décidé. Les peres joints ensemble font la Patrie, & ont une pleine autorité sur les enfans qu'ils ont mis au monde. Oseriez-vous en douter ?

CORIOLANUS.

Oüi, je l'ose: quoyqu'un homme soit mon pere, je suis homme aussi-bien que lui, & aussi libre que lui, par la regle essentielle de l'humanité. Je lui dois de la reconnoissance & du respect ; mais enfin la nature ne m'a point fait dépendant de lui.

CAMILLUS.

Vous établissez-là de belles régles pour la Vertu. Chacun se croira en droit de vivre selon ses pensées. Il n'y aura plus sur la terre ni police ni sûreté, ni subordination, ni societé réglée, ni principes certains de bonnes mœurs.

CORIOLANUS.

Il y aura toujours la raison & la vertu imprimées par la nature dans les cœurs des hommes ; s'ils abuſent de leur liberté, tampis pour eux ; mais quoyque leur liberté mal priſe puiſſe ſe tourner en libertinage, il eſt pourtant certain que par leur nature ils ſont libres.

CAMILLUS.

J'en conviens. Mais il faut avoüer auſſi que tous les hommes les plus ſages ayant ſenti l'inconvenient de cette liberté, qui feroit autant de Gouvernemens bizarres qu'il y a de têtes mal-faites, ont conclu que rien n'étoit ſi capital au repos du genre humain, que d'aſſujettir la multitude aux Loix établies en chaque lieu. N'eſt-il pas vrai que c'eſt-là le réglement que les hommes ſages ont fait en tous les pays, comme le fondement de toute Societé ?

CORIOLANUS.

Il eſt vrai.

CAMILLUS.

Ce reglement étoit necessaire.

CORIOLANUS.

Il est vrai encore.

CAMILLUS.

Non seulement il est sage, juste & necessaire en lui-même; mais encore il est autorisé par le consentement presque universel, ou du moins du plus grand nombre. S'il est necessaire pour la vie humaine, il n'y a que les hommes indociles & déraisonnables qui le rejettent.

CORIOLANUS.

J'en conviens, mais il n'est qu'arbitraire.

CAMILLUS.

Ce qui est si essentiel à la société, à la paix, à la sûreté des hommes, ce que la raison demande necessairement, doit être fondé dans la nature raisonnable même, & n'est point arbitraire; donc cette ſubordination n'eſt point une invention pour mener les eſprits foibles ; c'eſt au contraire un lien neceſſaire que la raiſon fournit pour regler pour pacifier, pour unir les hommes entre eux. Donc il eſt vrai que la raiſon qui eſt la vraie nature des animaux raiſonnables, demande qu'il s'aſſujettiſſent à des loix & à de certains hommes qui ſont en la place des premiers Légiſlateurs, qu'en un mot ils obéïſſent, qu'ils concourent tous enſemble aux beſoins & aux interêts communs, qu'ils n'uſent de leur liberté que ſelon la raiſon, pour affermir & perfectionner la Societé. Voilà ce que j'appelle être bon Citoyen, aimer la patrie, & s'attacher à la République.

CORIOLANUS.

Vous qui m'accuſez de ſubtilité, vous êtes plus ſubtil que moi.

CAMILLUS.

Point du tout Rentrons si vous voulez dans le détail : Par quelle proposition vous ai-je surpris ? la raison est la nature de l'homme. Celle-là est-elle vraye ?

CORIOLANUS.

Oüi, sans doute.

CAMILLUS.

L'homme n'est point libre pour aller contre la raison. Que dites-vous de celle-là ?

CORIOLANUS.

Il n'y a pas moyen de l'empêcher de passer.

CAMILLUS.

La raison veut qu'on vive en societé, & par consequent avec subordination. Répondez.

CORIOLANUS.

Je le crois comme vous.

CAMILLUS.

Donc il faut qu'il y ait des régles inviolables de societé, que l'homme nomme Loix, & des hommes gardiens des Loix, qu'on nomme Magiſtrats, pour punir ceux qui les violent: autrement il y anroit autant de Gouvernemens arbitraires que de têtes, & les têtes les plus mal faites ſeroient celles qui voudroient le plus renverſer les mœurs & les loix, pour gouverner, ou du moins pour vivre ſelon leurs caprices.

CORIOLANUS.

Tout cela eſt clair.

CAMILLUS.

Donc il eſt de la nature raiſonnable d'aſſujettir ſa liberté aux Loix & aux Magiſtrats de la Société où l'on vit.

CORIOLANUS.

Cela eſt certain, mais on eſt libre de quitter cette Société.

CAMILLUS.

Si chacun eſt libre de quitter la ſienne où il eſt né, bientôt il n'y aura plus de Societé reglée sur la terre.

CORIOLANUS.

Pourquoi ?

CAMILLUS.

Le voici. C'est que le nombre des mauvaises têtes étant le plus grand, toutes les mauvaises têtes croiront pouvoir secoüer le joug de leur Patrie, & aller ailleurs vivre, sans regle & sans joug ; ce plus grand nombre deviendra indépendant & détruira bientôt par tout toute autorité.

Ils iront même hors de leur Patrie chercher des armes contre la Patrie-même. Dès ce moment il n'y a plus de Societé de Peuple qui soit constante & assurée. Aussi vous renverseriez les Loix & la Societé que la raison selon vous demande pour flatter une liberté effrenée ou plutôt le libertinage des

des foux & des mechans qui ne se croyent libres que quand ils peuvent impunément mepriser la raison & les loix.

CORIOLANUS.

Je vois bien maintenant toute la suite de votre raisonnement, & je commence à le goûter.

CAMILLUS.

Ajoûtez que cet établissement de République & de Loix, étant ensuite autorisé par le consentement & la pratique universelle du genre humain, excepté de quelques peuples brutaux & sauvages, la nature humaine entiere, pour ainsi dire, s'est livrée aux Loix depuis des siécles innombrables, par une absoluë necessité, les foux mêmes & les méchans, pourvû qu'ils ne le soient qu'à demi, sentent & reconnoissent ce besoin de vivre en commun, & d'être sujets à des Loix.

CORIOLANUS.

J'entens bien, & vous voulez que la patrie ayant ce droit qui est sacré & inviolable, on ne peut s'armer contre elle.

CAMILLUS.

Ce n'est pas seulement moi qui le veut, c'est la nature qui le demande. Quand Volumnia votre mere, & Vetturia votre femme, vous parlerent pour Rome: Que vous dirent-elles, que sentiez-vous au fonds de votre cœur?

CORIOLANUS.

Il est vrai que la nature me parloit pour ma mere; mais elle ne me parloit pas de même pour Rome.

CAMILLUS.

Hé bien, votre mere vous parloit pour Rome, & la nature vous parloit par la bouche de votre mere. Voilà les liens naturels qui nous attachent à la patrie. Pouviez-vous attaquer la Ville de votre mere, de tous vos parens, de tous vos amis, ſans violer les droits de la nature? Je ne vous demande là-deſſus aucun reiſonnement, c'eſt votre ſentiment ſans réflexion que je conſulte.

CORIOLANUS.

Il eſt vrai. On agit contre la nature, toutes les fois que l'on combat contre ſa patrie: mais s'il n'eſt pas permis de l'attaquer, du moins avoüez qu'il eſt permis de l'abandonner, quand elle eſt injuſte & ingrate.

CAMILLUS.

Non, je ne l'avoüerai jamais; ſi elle vous exile, ſi elle vous rejette, vous pouvez aller chercher un azile ailleurs. C'eſt lui obéïr que de ſortir de ſon ſein quand elle nous chaſſe; mais il faut encore loin d'elle la reſpecter, ſouhaiter ſon bien, être prêt à y retourner, à la défendre & à mourir pour elle.

CORIOLANUS.

Où prenez-vous toutes ces belles idées d'héroïsme ? Quand ma patrie m'a renoncée, & ne veut plus me rien devoir, le contrat est rompu entre nous. Je la renonce réciproquement & ne lui dois plus rien.

CAMILLUS.

Vous avez déja oublié que nous avons mis la patrie en la place de nos parents, & qu'elle a sur nous l'autorité des Loix, faute dequoi il n'y auroit plus aucune Societé fixe & reglée sur la terre.

CORIOLANUS.

Il est vrai, je conçois qu'on doit regarder comme une vraye mere, cette Societé qui nous a donné la naissance, les mœurs, la nourriture, qui a acquis de ſi grands droits ſur nous par nos parents, & par nos amis, qu'elle porte dans ſon ſein. Je veux bien qu'on lui doive ce qu'on doit à une mere, mais....

CAMILLUS.

Si ma mere m'avoit abandonné & maltraité, pourrois-je la reconnoître & la combattre ?

CORIOLANUS.

Non, mais vous pourriez....

CAMILLUS.

Pourrois-je la mépriſer & l'abandonner, ſi elle revenoit à moi & me montroit un vrai déplaiſir de m'avoir maltraité ?

CORIOLANUS.

Non.

CAMILLUS.

Il faut donc être toujours tout prêt à reprendre les ſentimens de la nature pour ſa patrie, ou plutôt ne les perdre jamais, & revenir à ſon ſervice toutes les fois qu'elle vous en ouvre le chemin.

CORIOLANUS.

J'avoüe que ce parti me paroît le meilleur ; mais la fierté & le dépit d'un homme qu'on a pouſſé à bout, ne lui laiſſent pas faire tant de réflexions.

Le Peuple Romain inſolent fouloit aux pieds les Patriciens. Je ne pûs ſouffrir cette indignité, le peuple furieux me contraignit de me retirer chez les Volſques. Quand je fus là, mon reſſentiment & le déſir de me faire valoir chez le peuple ennemi des Romains, m'engagerent à prendre les armes contre mon pays. Vous m'avez fait voir, mon cher Fabius, qu'il auroit fallu demeurer paiſible dans mon malheur.

CAMILLUS.

Nous avons ici-bas les ombre

de plusieurs grands hommes qui ont fait ce que je vous dis. Thémistocles ayant fait la faute de s'en aller en Perse, aima mieux & mourir & s'empoisonner en bûvant du sang des Taureaux, que de servir le Roi de Perse contre les Athéniens. Scipion vainqueur de l'Afrique, ayant été traité indignement à Rome, à cause qu'on accusoit son frere d'avoir pris de l'argent dans sa guerre contre Antiochus, se retira à Linternum, où il passa dans la solitude le reste de ses jours, ne pouvant se résoudre, ni à vivre au milieu de sa patrie ingrate, ni à manquer à la fidelité qu'il lui devoit : Voilà ce que nous avons appris de lui depuis qu'il est descendu dans le Royaume de Pluton.

CORIOLANUS.

Vous citez les autres exemples, & vous ne dites rien du vôtre qui est le plus beau de tous.

CAMILLUS.

Il est vrai que l'injustice qu'on m'avoit faite me rendoit inutile. Les autres Capitaines avoient même perdu toute autorité : on ne faisoit plus que flatter le peuple, & vous sçavez combien il est funeste à un Etat que ceux qui le gouvernent se repaissent toujours d'esperances vaines & flateuses. Tout à coup les Gaulois ausquels on avoit manqué de parole gagnerent la Bataille d'Alia ; c'étoit fait de Rome s'ils eussent poursuivi les Romains. Vous sçavez que la jeunesse se renferma dans le Capitole, & que les Senateurs se mirent dans leurs Siéges Curules où ils furent tuez. Il n'est pas necessaire de raconter le reste que vous avez oüi dire cent fois. Si je n'eusse étouffé mon ressentiment pour sauver ma patrie, tout étoit perdu ſans reſſource ; j'étois à Ardée quand j'appris le malheur de Rome, j'armai les Ardeates. J'apris par des Eſpions que les Gaulois ſe croyant les maîtres de tout, étoient enſevelis dans le vin & dans la bonne chere. Je les ſurpris la nuit, j'en fis un grand carnage; à ce coup les Romains, comme des gens reſſuſcitez qui ſortent du tombeau, m'envoyent prier d'être leur Chef : Je répondis qu'ils ne pouvoient repreſenter la Patrie, ni moi les reconnoître, & que j'attendois les ordres des jeunes Patriciens qui défendoient le Capitole, parce que ceux-ci étoient le vrai corps de la République, qu'il n'y avoit qu'eux à qui je duſſe obéïr pour me mettre à la tête de leurs Troupes. Ceux qui étoient dans le Capitole m'élurent Dictateur : Cependant les Gaulois ſe conſumoient par des maladies contagieuſes après un ſiége de ſept mois devant le Capitole. La Paix ſut faite, & dans le moment qu'on peſoit l'argent, moyenant lequel ils promettoient de ſe retirer : J'arrive, je rends l'or aux Romains : Nous ne gardons point notre Ville, dis-je alors aux Gaulois avec l'or, mais avec le fer, retirez-vous. Ils ſont ſurpris, ils ſe retirent le lendemain ; je les attaque dans leur retraite, & je les taille en pieces.

XXXII. DIALOGUE.

CAMILLUS & FABIUS MAXIMUS.

La Générosité & la bonne Foi sont plus utiles dans la Politique que la finesse & les détours.

FABIUS.

C'Est aux trois Juges à nous régler pour le rang, puisque vous ne voulez pas me céder ; ils décideront, & je les crois assez justes pour préferer ces grandes actions de la guerre Punique où la République étoit déja puissante & admirée de toutes les Nations éloignées, aux petites Guerres de Rome naissante pendant lesquelles on combattoit toujours aux portes de la ville.

CAMILLUS.

Ils n'auront pas grande peine à décider entre un Romain qui a été cinq fois Dictateur quoyqu'il n'ait jamais été Consul, qui a triomphé quatre fois, qui a mérité le titre de second Fondateur de Rome, & un autre Citoyen qui n'a fait que temporiser par finesse & fuir devant Annibal.

FABIUS.

J'ai plus merité que vous le titre de second Fondateur, car Annibal & toute la puissance des Carthaginois dont j'ai délivré Rome étoit un mal plus redoutable que l'incursion d'une foule de Barbares que vous avez dissipé; vous serez bien embarassé quand il faudra comparer la prise de Veyes qui estoit un Village, avec celle de la superbe & belligueuse Tarente cette seconde Lacédémone dont elle étoit une Colonie.

CAMILLUS.

Le siége de Veyes étoit plus important aux Romains que celui de Tarente. Il n'en faut pas juger par la grandeur de la Ville mais par les maux qu'elle causoit à Rome. Veyes étoit alors à proportion plus forte pour Rome naissante que Tarente ne le fut dans la suite pour Rome qui avoit augmenté sa puissance par tant de prosperité.

FABIUS.

Mais cette petite Ville de Veyes, vous démeurâtes dix ans à la prendre ; le siege dura autant que celui de Troye ; aussi entrâtes - vous dans Rome après cette conquête sur un Chariot triomphal traîné par quatre Chevaux blancs : il vous fallut même des vœux pour parvenir à ce grãd succès; vous promîtes aux Dieux la dixiéme partie du butin : sur cette parole ils vous firent prendre la Ville ; mais dès qu'elle fut prise vous oubliâtes vos bienfaicteurs & vous donnâtes le pillage aux Soldats quoyque les Dieux meritassent la préférence.

CAMILLUS.

Ces fautes-là se font sans mauvaise volonté dans le transport que cause une victoire remportée, mais les Dames Romaines payerent mon vœu ; car elles donnerent tout l'Or de leur joyaux pour faire une coupe d'Or du poids de huit talents qu'on offrit au Temple de Delphe : aussi le Senat ordonna qu'on feroit l'éloge public de chacune de ces généreuses femmes après sa mort.

FABIUS.

Je consent à leur éloge & point au vôtre. C'est vous qui avez violé votre vœu ; c'est elles qui l'ont accompli.

CAMILLUS.

On ne peut point me reprocher d'avoir jamais manqué volontairement à la bonne foi, j'en ai donné une bonne marque.

FABIUS.

Je vois déjà venir de loin notre Maître-d'Ecole tant de fois rebattu.

CAMILLUS.

Ne penſez pas vous en moquer ; le Maître-d'Ecole me fait grand honneur : les Phalériens avoient à la mode des Grecs un homme inſtruit des Lettres, pour élever leurs enfans en commun, afin que la ſocieté, l'émulation & les maximes du bien public les rendiſſent encore plus les enfans de la République que de leurs parens: le traître me vint livrer toute la jeuneſſe des Phalériens. Il ne tenoit qu'à moi de ſubjuger le peuple ayant de ſi précieux Otages, mais j'eus horreur du traître & de la trahison; je ne fis pas comme ceux qui ne sont qu'à demi gens de bien & qui aiment la trahison quoyqu'ils détestent le traître ; je commandai au Licteur de déchirer les habits du Maître-d'Ecole , je lui fis lier les mains derriere le dos & je chargeai les enfans de le ramener en le foüettant jusques dans leur Ville; est-ce avoir la bonne foi? qu'en croyez vous, Fabius, parlez.

FABIUS.

Je crois que cette action est belle & elle vous réleve plus que la prise des Veyes.

CAMILLUS.

Mais sçavez-vous la suite ? elle marque bien ce que fait la vertu , & combien la générosité est plus utile pour la politique même que la finesse.

FABIUS.

N'est-ce pas que les Phalériens touchez de votre bonne foi , vous envoyerent des Ambaſſadeurs pour ſe mettre eux & leur Ville à votre diſcrétion, diſant qu'ils ne pouvoient rien faire de meilleur pour leur Patrie, que de la ſoûmettre à un homme ſi juſte & ſi ennemi du crime?

CAMILLUS.

Il eſt vrai; mais je renvoyai leurs Ambaſſadeurs à Rome, afin que le Senat & le Peuple décidaſſent.

FABIUS.

Vous craigniez l'envie & la jalouſie de vos Concitoyens.

CAMILLUS.

N'avois-je pas raiſon? Plus on pratique la vertu au-deſſus des autres, plus on doit craindre d'irriter leur jalouſie; d'ailleurs je devois cette déference à la République; mais on ne voulut point décider; on me renvoya les Ambaſſadeurs, & je finis l'affaire comme je l'avois commencée, par un procédé généreux. Je laiſſai les Phalériens en liberté ſe gouverner eux-mêmes ſelon leurs Loix, je fis avec eux une Paix juſte & honorable pour leur Ville.

FABIUS.

J'ai oüi dire que les Soldats de votre Armée furent bien irritez de cette Paix, car ils eſperoient un grand pillage.

CAMILLUS.

Ne devois-je pas préferer la gloire de Rome & mon honneur à l'avarice des Soldats?

FABIUS.

J'en conviens. Mais revenons à notre queſtion; vous ne ſçavez peut-être pas que j'ai donné des marques de probité plus fortes que l'affaire de votre Maître-d'Ecole.

CAMILLUS.

Non, je ne le sçais point, & je ne sçaurois me le persuader.

FABIUS.

J'avois reglé avec Annibal qu'on échangeroit dans les deux Armées les prisonniers & que ceux qui ne pourroient être échangez seroient rachetez deux cent cinquante dragmes pour chaque homme : l'échange achevé on trouva qu'il y avoit encore au-delà du nombre des Carthaginois 250. Romains qu'il falloit racheter ; le Senat desapprouve mon Traité & refuse le payement, j'envoye mon fils à Rome pour vendre mon bien, & je paye à mes dépens toutes les rançons que le Senat ne vouloit point payer. Vous n'étiez généreux qu'aux dépens de la République ; mais moi je l'ai été sur mon propre compte : vous ne l'aviez été que de concert avec le Senat, je l'ai été contre le Senat même.

CAMILLUS.

Il n'est pas difficile à un homme de cœur de sacrifier un peu d'argent pour se procurer tant de gloire; pour moi j'ai montré ma générosité en sauvant ma patrie ingrate : sans moi les Gaulois ne vous auroient pas même laissé une ville de Rome à défendre : Allons trouver Minos afin qu'il finisse notre contestation & regle nos rangs.

XXXIII. DIALOGUE.

FABIUS MAXIMUS & ANNIBAL.

Un Général d'Armée doit ſacrifier ſa réputation au ſalut public.

ANNIBAL.

JE vous ai fait paſſer de mauvais jours & de mauvaiſes nuits. Avoüez-le de bonne foi.

FABIUS.

Il eſt vrai ; mais j'en ai eu ma revanche.

ANNIBAL.

Pas trop, vous ne faiſiez que reculer devant moi, que chercher des campemens inacceſſibles ſur des montagnes, vous étiez toujours dans des nuës. C'étoit mal relever la réputation des Romains que de montrer tant d'épouvante.

FABIUS.

Il faut aller au plus pressé. Après tant de Batailles perduës, j'eusse achevé la ruine de la République que de hazarder de nouveaux combats. Il falloit relever le courage de nos troupes, les accoutumer à vos armes, à vos Elephans, à vos ruses, à votre ordre de Bataille, vous laisser amollir dans les plaisirs de Capouë, & attendre que vous usassiez peu à peu vos forces.

ANNIBAL.

Mais cependant vous vous deshonoriez par votre timidité. Belle ressource pour la patrie après tant de malheurs, qu'un Capitaine qui n'ose rien tenter, qui a peur de son ombre comme un liévre, qui ne trouve point de rochers assez escarpez pour y faire grimper ſes troupes toujours tremblantes ! c'étoit entretenir la lâcheté dans votre Camp & augmenter l'audace dans le mien.

FABIUS.

Il valloit mieux ſe deshonorer par cette lâcheté que de faire maſſacrer toute la fleur des Romains comme Terentius Varro le fit à Cannes. Ce qui aboutit à ſauver la patrie, & à rendre les Victoires des Ennemis inutiles, ne peut deshonorer un Capitaine : on voit qu'il a préferé le ſalut public à ſa propre réputation, qui lui eſt plus chere que ſa vie, & ce ſacrifice de ſa réputation doit lui en attirer une grande ; encore même n'eſt-il pas queſtion de ſa réputation, il ne s'agit que de diſcours téméraires de certains Critiques, qui n'ont pas des vûës aſſez étenduës pour prévoir de loin combien cette maniere lente de faire la guerre ſera enfin avantageuſe. Il faut laiſſer parler les gens qui ne regardent que ce qui eſt préſent & que ce qui brille. Quand vous aurez obtenu par votre patience un bon ſuccès, les gens même qui vous ont le plus condamnez ſeront les plus empreſſez à vous applaudir. Ils ne jugent que par le ſuccès: ne ſongez qu'à y reüſſir: ſi vous y parvenez, ils vous accableront de loüanges.

ANNIBAL.

Mais que vouliez-vous que penſaſſent vos Alliez ?

FABIUS.

Je les laiſſois penſer tout ce qui leur plaiſoit, pourvû que je ſauvaſſe Rome, comptant bien que je ſerois juſtifié ſur toutes leurs Critiques après que j'aurois prévalu ſur vous.

ANNIBAL.

ANNIBAL.

Sur moi ! Vous n'avez jamais eu cette gloire une ſeule fois. J'ai montré que je ſçavois me joüer de toute votre ſcience dans l'art militaire ; car avec des feux attachez aux cornes d'un grand nombre de Bœufs, je vous donnai le change, & je décampai la nuit pendant que vous vous imaginiez que j'étois auprès de votre Camp.

FABIUS.

Ces ruſes-là peuvent ſurprendre tout le monde, mais elles n'ont rien décidé entre-nous. Enfin vous ne pouvez déſavoüer que je vous ai affoibli, que j'ai repris des Places ; que j'ai relevé de leurs chûtes les Troupes Romaines. Et ſi le plus jeune Scipon ne m'en eut dérobé la gloire, je vous aurois chaſſé de l'Italie. Si Scipion en eſt venu à bout, c'eſt qu'il y avoit encore une Rome ſauvée par la ſageſſe de Fabius. Ceſſez donc de vous mocquer d'un homme qui en reculant un peu devant vous, eſt cauſe que vous avez abandonné toute l'Italie & fait périr Carthage. Il n'eſt pas queſtion d'éblouïr par des commencemens avantageux. L'eſſentiel eſt de bien finir.

XXXIV. DIALOGUE.

RADAMANTE, CATON LE CENSEUR, & SCIPION L'AFRICAIN.

Les plus grandes Vertus sont gâtées par une humeur chagrine & caustique.

RADAMANTE.

QUi es-tu donc, vieux Romain? Dis-moi ton nom. Tu as la physionomie assez mauvaise, un visage dur & rebarbatif: Tu as l'air d'un vilain rousseau; du moins je crois que tu l'as été pendant ta jeunesse. Tu avois, si je ne me trompe, plus de cent ans quand tu es mort.

CATON.

Point, je n'en avois que quatre-vingt-dix, & j'ai trouvé ma

vie bien courte; car j'aimois fort à vivre & je me portois à merveilles. Je m'appelle Caton. N'as-tu point oüi parler de moi, de ma ſageſſe, de mon courage contre les méchans ?

RADAMANTE.

HO ! je te reconnois ſans peine ſur le portrait qu'on m'avoit fait de toi. Te voilà tout juſte. Cet homme toujours prêt à ſe vanter & à mordre les autres. Mais j'ai un differend à regler entre toi & le grand Scipion qui vainquit Annibal. Hola, Scipion, hâtez-vous de venir : voici Caton qui arrive enfin : je prétens juger tout à l'heure votre vieille querelle. Ç'a que chacun défende ſa cauſe.

SCIPION.

Pour moi j'ai à me plaindre de la jalouſie maligne de Caton ; elle étoit indigne de ſa haute réputation. Il ſe joignit à Fabius

Maximus, & ne fut ſon ami que pour m'attaquer. Il vouloit m'empêcher de paſſer en Afrique. Ils étoient tous deux timides dans leur politique: d'ailleurs Fabius ne ſçavoit que ſa vieille methode de temporiſer à la guerre, d'éviter les Batailles, de camper dans les nuës, d'attendre que les ennemis ſe conſumaſſent d'eux-mêmes. Caton qui aimoit par pédanterie les vieilles gens, s'attacha à Fabius, & fut jaloux de moi, parce que j'étois jeune & hardi. Mais la principale cauſe de ſon entêtement fut ſon avarice. Il vouloit qu'on fit la guerre avec épargne comme il plantoit ſes choux & ſes oignons. Pour moi je voulois qu'on fit vivement la guerre pour la finir bien-tôt avec avantage; qu'on regardât non ce qu'il en couteroit; mais les actions que je ferois. Le pauvre Caton étoit desolé, car il vouloit toujours gouverner la République comme sa petite chaumiere & remporter des Victoires à juste prix. Il ne voyoit pas que le dessein de Fabius ne pouvoit réüssir. jamais il n'auroit chassé Annibal d'Italie. Annibal étoit assez habile pour y subsister toujours aux dépens du pays, & pour conserver des Alliez. Il auroit même toujours fait venir de nouvelles Troupes d'Afrique par mer. Si Néron n'eût défait Asdrubal avant qu'il pût se joindre à son frere, tout étoit perdu. Fabius le temporiseur eût été sans ressource. Cependant Rome pressée de si près par un tel ennemi auroit succombé à la longue. Mais Caton ne voyoit point cette necessité de faire une puissante division pour transporter à Carthage la guerre qu'Annibal avoit ſçu porter juſqu'à Rome. Je demande donc réparation de tous les torts que Caton a eu contre moi, & des perſécutions qu'il a faites à ma famille.

CATON.

Et moi je demande récompenſe d'avoir ſoutenu la juſtice & le bien public contre ton frere Lucius qui étoit un Brigand. Laiſſons-là cette guerre d'Afrique, où tu fus plus heureux que ſage. Venons au fait. N'eſt-ce pas une choſe indigne que tu ayes arraché à la République un commandement d'Armée pour ton frere qui en étoit incapable? Tu promis de le ſuivre & de ſervir ſous lui. Tu étois ſon Pédagogue dans cette guerre contre Antiochus. Ton frere fit toutes ſortes d'injuſtices & de concuſſions. Tu fermois les yeux pour ne les pas voir.

La paſſion fraternelle t'avoit aveuglé.

SCIPION.

Mais quoi ! Cette guerre ne finit-elle pas glorieuſement ? Le grand Antiochus fut défait, chaſſé, & repouſſé des côtes d'Aſie. C'eſt le dernier ennemi qui ait pû nous diſputer la ſuprême puiſſance. Après lui tous les Royaumes venoient tomber les uns ſur les autres aux pieds des Romains.

CATON.

Il eſt vrai qu'Antiochus pouvoit bien embaraſſer, s'il eût crû les conſeils d'Annibal. Mais il ne fit que s'amuſer, que ſe deshonorer par d'infâmes plaiſirs. Il épouſa dans ſa vieilleſſe une jeune Grecque. Philopœmen diſoit alors que s'il eut été Protecteur des Achéens, il eût voulu ſans peine défaire toute l'Armée d'Antiochus en la ſurprenant dans les Cabarets. Ton frere, & toi Scipion, vous n'eûtes pas grande peine à vaincre des ennemis qui s'étoient déja ainsi vaincus eux-mêmes par leur mollesse.

SCIPION.

La puissance d'Antiochus étoit pourtant formidable.

CATON.

Mais revenons à notre affaire. Lucius ton frere n'a-t'il pas enlevé, pillé, ravagé ? Oserois-tu dire qu'il a gouverné en homme de bien ?

SCIPION.

Après ma mort tu as eu la dureté de le condamner à une amande, & de vouloir le faire prendre par des Licteurs.

CATON.

Il le méritoit bien. Et toi qui avois. . . .

SCIPION.

Pour moi, je pris mon parti

avec courage, quand je vis que le peuple se tournoit contre moi. Au lieu de répondre à l'accusation, je dis : Allons au Capitole remercier les Dieux de ce qu'en un jour semblable à celui-ci je vainquis Annibal & les Carthaginois. Après quoi je ne m'exposai plus à la fortune. Je me retirai à Linternum, loin d'une Patrie ingrate, dans une solitude tranquille, & respecté de tous les bonnêtes gens, où j'attendis la mort en Philosophe. Voilà ce que Caton, Censeur implacable me contraignit de faire. Voilà de quoi je demande justice.

CATON.

Tu me reproches ce qui fait ma gloire. Je n'ai épargné personne pour la justice. J'ai fait trembler tous les plus illustres Romains. Je voyois combien les mœurs se corrompoient tous les jours par le faste & par les délices. Par exemple, peut-on me refuser d'immortelles loüanges pour avoir chassé du Sénat Lucius Quinctius qui avoit été Consul & qui étoit frere de T. Q. Flaminius vainqueur de Philippe Roi de Macédoine, qui eut la cruauté de faire tuer un homme devant un jeune garçon qu'il aimoit, pour contenter la curiosité de cet enfant, par un si horrible spectacle?

SCIPION.

J'avouë que cette action est juste, & que tu as souvent puni le crime. Mais tu étois trop ardent contre tout le monde; & quand tu avois fait une bonne action tu t'en vantois trop grossiérement. Te souviens-tu d'avoir dit autrefois, que Rome te devoit plus que tu ne devois à Rome? Ces paroles sont ridicules dans la bouche d'un homme grave.

RADAMANTE.

Que répons-tu , Caton, à ce qu'il te reproche ?

CATON.

Que j'ai en effet soutenu la République Romaine contre la mollesse & le faste des femmes qui en corrompoient les mœurs : Que j'ai tenu les grands dans la crainte des Loix : Que j'ai pratiqué moi-même ce que j'ai enseigné aux autres : & que la République ne m'a pas soutenu de même contre les gens qui n'étoient mes ennemis qu'à cause que je les avois attaquez pour l'intérêt de la Patrie. Comme mon bien de campagne étoit dans le voisinage de celui de Manius Curius je me proposai dès ma jeunesse d'imiter ce grand homme par la simplicité des mœurs, pendant que d'un autre côté je me proposois Démosthene pour mon modele d'éloquence. On m'appelloit même Démosthene Latin. On me voyoit tous les jours marchant nud avec mes Esclaves pour aller labourer la terre. Mais ne croyez pas que cette application à l'agriculture & à l'éloquence, me détournât de l'art militaire. Dès l'âge de dix-sept ans je me montrai intrépide dans les guerres contre Annibal. Bientôt mon corps fut tout couvert de cicatrices. Quand je fus envoyé Préteur en Sardaigne ; je rejettai le luxe que tous les autres Préteurs avoient introduit avant moi. Je ne songeai qu'à soulager le peuple, qu'à maintenir le bon ordre, qu'à rejetter tous les presens. Ayant été fait Consul je gagnai en Espagne audeçà de Boetis une bataille contre les Barbares. Après cette victoire je pris plus de Villes en Espagne que je n'y demeurai de jours.

SCIPION.

Autre vanterie insupportable. Mais nous la connoissons déja, car tu l'as souvent faite, & plusieurs morts venus ici depuis vingt ans, me l'avoient raconté pour me réjoüir. Mais, mon pauvre Caton, ce n'est pas devant moi qu'il faut parler ainsi, je connois l'Espagne & tes belles conquêtes.

CATON.

Il est certain que quatre cent Villes se rendirent presque en même-tems, & tu n'en as jamais tant fait.

SCIPION.

Carthage seule vaut mieux que tes quatre cent Villages.

CATON.

Mais que diras-tu de ce que je fis sous Maximus Acilius pour aller au travers des précipices surprendre Antiochus dans les montagnes entre la Macédoine & la Thessalie ?

SCIPION.

J'approuve cette action, & il seroit injuste de lui refuser des loüanges. On t'en doit aussi pour avoir réprimé les mauvaises mœurs. Mais on ne peut t'excuser sur ton avarice sordide.

CATON.

Tu parles ainsi parce que c'est toi qui as accoutumé les Soldats à vivre délicieusement. Mais il faut se representer que je me suis vû dans une République qui se corrompoit tous les jours Les dépenses y augmentoient sans mesures. On y achetoit un poisson plus cher qu'un bœuf n'avoit été vendu quand j'entrai dans les affaires publiques. Il est vrai que les choses qui étoient au plus bas prix me paroissoient encore trop cheres quand elles étoient inutiles. Je disois aux Romains : A quoi vous sert de gouverner les Nations si vos femmes vaines & corrompuës vous gouvernent ? Avois-je tort de parler ainsi ? On vivoit sans pudeur. Chacun se ruinoit & vivoit avec toute sorte de bassesse & de mauvaise foi, pour avoir dequoi soûtenir ses folles dépenses. J'étois Censeur, j'avois acquis de l'autorité par ma vieillesse & par ma vertu, pouvois-je me taire ?

SCIPION.

Mais pourquoi être encore le Délateur universel à quatre vingt-dix ans ? C'est un beau métier à cet âge !

CATON.

C'est le métier d'un homme qui n'a rien perdu de sa vigueur ni de son zéle pour la République, & qui se sacrifie pour l'amour d'elle à la haine des Grands, qui veulent être impunément dans le desordre.

SCIPION.

Mais tu as été accusé aussi souvent que tu as accusé les autres. Il me semble que tu l'as été jusqu'à soixante & dix fois & jusqu'à l'âge de quatre-vingt ans.

CATON.

Il est vrai, je m'en glorifie. Il n'étoit pas possible que les méchants ne fissent par des calomnies, une guerre continuelle à une homme qui ne leur a jamais rien pardonné.

SCIPION.

Ce ne fut pas sans peine que tu te défendis contre les dernieres accusations.

CATON.

Je l'avoüe, faut-il s'en étonner? Il est bien mal-aisé de rendre compte de toute sa vie devant les hommes d'un autre siécle que celui où l'on a vécu. J'étois un pauvre veillard exposé aux insultes de la jeunesse qui croyoit que je radotois & qui comptoit pour des fables tout ce que j'avois fait autrefois. Quand je le racontois ils ne faisoient que bâiller & que se mocquer de moi comme d'un homme qui se loüoit sans cesse.

SCIPION.

Ils n'avoient pas grand tort. Mais enfin pourquoi aimois-tu tant à reprendre les autres? Tu étois comme un chien qui abboye contre tous les passans.

CATON.

J'ai trouvé toute ma vie que j'apprenois beaucoup plus en reprenant les foux, qu'en frequentant les sages: les sages ne le sont qu'à demi & ne donnent que de foibles leçons: mais les foux sont bien foux, & il n'y a qu'à les voir pour sçavoir comment il ne faut pas faire.

SCIPION.

J'en conviens. Mais toi qui étois si sage, pourquoi étois-tu d'abord si ennemi des Grecs ?

CATON.

C'est que je craignois que les Grecs ne nous communiquassent bien plus leur art que leur sagesse ; & leurs mœurs dissoluës que leurs sciences. Je n'aimois point tous ces joüeurs d'instrumens, ces Musiciens, ces Poëtes, ces Peintres, ces Sculpteurs : tout cela ne sert qu'à la curiosité & à une vie voluptueuse. Je trouvois qu'il valloit mieux garder notre simplicité rustique, notre vie laborieuse & pauvre dans l'agriculture ; être plus grossier & mieux vivre : moins discourir sur la vertu & la pratiquer davantage.

SCIPION.

Pour quoi donc dans la suite pris-tu tant de peine dans ta vieillesse pour apprendre la Langue Greque ?

CATON.

A la fin je me laissai enchanter par les Syrenes comme les autres. Je prêtai l'oreille aux Muses Greques. Mais je crains bien que tous ces petits Sophistes Grecs qui viennent affamez à Rome pour faire fortune n'achevent de corrompre les mœurs Romaines.

SCIPION.

Ce n'est pas sans sujet que tu le crains: mais tu aurois dû craindre aussi de corrompre les mœurs Romaines par ton avarice.

CATON.

Moi avare ! j'étois bon ménager. Je ne voulois laisser rien per-

& te récompenser tout ensemble. Tu m'embarasses fort. Voici ma décision. Je suis touché de tes vertus & de tes grandes actions pour ta République. Mais aussi quelle apparence de mettre un usurier dans les Champs Elisées ; ce seroit un trop grand scandale. Tu demeureras donc, s'il te plaît, à la porte : mais ta consolation sera d'empêcher les autres d'y entrer. Tu contrôleras tous ceux qui se présenteront. Tu seras Censeur ici-bas comme tu l'étois à Rome. Tu auras pour menus plaisirs toutes les vertus du genre humain à critiquer. Je te livre L. Scipion, & L. Quintius, & tous les autres, pour répandre sur eux ta bile : tu pourras même l'exercer sur tous les autres Morts qui viendront en foule de tout l'Univers, Citoyens Romains, grands Capitaines, Rois barbares, Tyrans des Nations ;

tous seront soûmis à ton chagrin & à ta satyre. Mais prens garde à Lucius Scipion ; car je l'établis pour te censurer à son tour impitoyablement. Tiens, voilà de l'argent pour en prêter à tous les Morts qui n'en auront point dans la bouche pour passer la Barque de Caron. Si tu prête à quelqu'un à usure, Lucius ne manquera pas de m'en avertir, & je te punirai comme les plus infames voleurs.

XXXV. DIALOGUE.

SCIPION & ANNIBAL.

La Vertu seule fait sa récompense par le pur plaisir qui l'accompagne.

ANNIBAL.

NOus voici rassemblez vous & moi, comme nous le fûmes en Afrique un peu avant la bataille de Zama.

SCIPION.

Il est vrai : mais la conference d'aujourd'hui est bien differente de l'autre. Nous n'avons plus de gloire à acquerir, ni de victoire à remporter. Il ne nous reste qu'une ombre vaine & légere de ce que nous avons été, avec un souvenir de nos avantures qui ressemble

[illegible]

ANNIBAL.

[illegible] c'est dans votre [illegible] de Linternum que vous [illegible] appris toute cette belle Philosophie.

SCIPION.

Quand je ne l'aurois pas apprise dans ma retraite, je l'apprendrois ici [illegible] où la mort donne les plus grandes leçons pour désabuser de tout ce que le monde croit [illegible]veilleux.

ANNIBAL.

La disgrace & la solitude ne [illegible] ont pas été inutiles pour faire [illegible] ces réflexions.

[illegible] O

SCIPION.

J'en conviens. Mais vous n'avez pas eu moins que moi ces instructions de la fortune. Vous avez vû tomber Carthage, & il vous a fallu abandonner votre Patrie; & après avoir fait trembler Rome, vous avez été contraint de vous dérober à sa vangeance par une vie errante de pays en pays.

ANNIBAL.

Il est vrai: mais je n'ai abandonné ma Patrie que quand je ne pouvois plus la défendre, & qu'elle ne pouvoit me sauver du supplice. J'ai l'ai quittée pour épargner sa ruine entiere, & pour ne voir point sa servitude: au contraire vous avez été réduit à quitter votre Patrie au plus haut point de sa gloire, & d'une gloire qu'elle tenoit de vous. Y a-t'il rien de si amer? Quelle ingratitude!

XXXVI. DIALOGUE.

SCIPION & ANNIBAL.

L'Ambition n'a point de bornes.

SCIPION.

IL me semble que je suis encore à votre conference avant la bataille de Zama; mais nous ne sommes pas ici dans la même situation, nous n'avons plus de different. Toutes nos guerres sont éteintes dans les Eaux du fleuve d'Oubli. Après avoir conquis l'un & l'autre tant de Provinces, une Urne a suffi à receüillir nos cendres.

ANNIBAL.

Tout cela est vrai. Notre gloire passée n'est plus qu'un songe,

SCIPION.

Mais enfin les Romains & les Carthaginois étant vis-à-vis les uns des autres, la mer entre deux, se regardoient d'un œil jaloux, & se disputoient l'Isle de Sicile, qui étoit au milieu des deux peuples prétendans. Voilà à quoi se bornoit votre ambition.

ANNIBAL.

Point du tout, nous avions encore nos prétentions du côté de l'Espagne. Carthage la neuve nous donnoit en ce pays-là un Empire presque égal à celui de l'ancienne, au milieu de l'Afrique.

SCIPION.

Tout cela est vrai; mais c'étoit par quelque Port pour vos Marchandises, que vous aviez commencé à vous établir sur les Côtes d'Espagne. Les facilitez que vous y trouvâtes vous donnerent peu à peu la pensée de Conquerir ces vastes Régions.

ANNIBAL.

Dès le tems de notre premiere guerre contre les Romains, nous étions puissans en Espagne, & nous en aurions été bientôt les maîtres sans votre République.

SCIPION.

Enfin le Traité que nous conclumes avec les Carthaginois les obligeoit à renoncer à tous les Pays qui sont entre les Pyrénées, & l'Ebre.

ANNIBAL.

La force nous réduisit à cette Paix honteuse. Nous avions fait des pertes infinies sur terre & sur mer; mon pere ne songea qu'à nous relever après cette chûte. Il me fit jurer sur les Autels à l'âge de neuf ans, que je serois jusqu'à la mort ennemi des Romains. Je le jurai, je l'ai accompli; je suivis mon pere en Espagne ; après sa mort je commandai l'armée Carthaginoise, & vous sçavez ce qui arriva.

SCIPION.

Oui je le sçai, & vous le sçavez bien aussi à vos dépens. Mais si vous fîtes bien du chemin, c'est que vous trouvâtes la Fortune qui venoit par tout au-devant de vous pour vous solliciter à la suivre. L'esperance de vous joindre aux Gaulois nos anciens ennemis vous fit passer les Pyrénées. La victoire que vous remportâtes sur nous au bord du Rhône, vous encouragea à passer les Alpes. Vous y perdîtes beaucoup de soldats, de chevaux & d'elephans. Quand vous fûtes passé vous défites sans peine nos troupes étonnées, que vous surprîtes à Ticinum. Une victoire en attire une autre en consternant les

[illegible]

[illegible] premier [illegible] beaucoup [illegible] A[illegible] [illegible] [illegible] [illegible]

A[illegible]

[illegible]

[illegible]

[illegible] Après cela [illegible] le Maître de l'Italie, [illegible] [illegible] batail- [illegible] toute l'Italie. [illegible] j'espere de la garder [illegible]

ANNIBAL.

Je ne sçavois pas bien jusqu'où [illegible] pour m'en aller, mais je voulois [illegible] la fortune: [illegible]

O 3

les Romains par un coup si hardi & si imprévû. Quand je trouvai la fortune si favorable, je crus qu'il falloit en profiter, le succès me donna des desseins que je n'avois jamais osé concevoir.

SCIPION.

Hé bien, n'est-ce pas là ce que je disois : la Sicile, l'Espagne, l'Italie, n'étoient plus rien pour vous. Les Grecs avec lesquels vous vous étiez liguez auroient bientôt subi votre joug.

ANNIBAL.

Mais vous qui parlez, n'avez-vous pas fait précisément ce que vous nous reprochez d'avoir été capables de faire ?

L'Espagne, la Sicile, Carthage même & l'Afrique ne furent rien. Bientôt toute la Gréce, la Macédoine, toutes les Isles, l'Egypte, l'Asie, tomberent à vos pieds, & vous aviez encore bien de la peine à souffrir que les Parthes & les Arabes fussent libres. Le monde entier étoit trop petit pour ces Romains, qui pendant cinq cens ans avoient été bornez à vaincre au tour de leur Ville les Volsques, les Sabins & les Samnites.

XXXVII. DIALOGUE.

SYLLA, CATILINA, & CESAR.

Les funestes suites du vice ne corrigent point les Princes corrompus.

SYLLA.

JE viens à la hâte vous donner un avis, César, & je mene avec moi un bon second pour vous persuader. C'est Catilina. Vous le connoissez, & vous n'avez été que trop de sa cabale. N'ayez point de peur de nous, les ombres ne font point de mal.

CESAR.

Je me passerois bien de votre visite : vos figures sont tristes, & vos conseils le seront peut-être encore davantage. Qu'avez-vous donc de si pressé à me dire ?

SYLLA.

Qu'il ne faut point que vous aspiriez à la tyrannie.

CESAR.

Pourquoi ? N'y avez-vous pas aspiré vous-même ?

SYLLA.

Sans doute, & c'est pour cela que nous sommes plus croyables quand nous vous conseillons d'y renoncer.

CESAR.

Pour moi, je veux vous imiter en tout, chercher la tyrannie comme vous l'avez cherchée, & ensuite revenir comme vous de l'autre monde aprés ma mort détrôner les Tyrans qui viendront en ma place.

SYLLA.

Il n'est pas question de ces gentillesses, ni de ces jeux d'esprit

Nous autres ombres nous ne voulons rien que de sérieux. Venons au fait. J'ai quitté volontairement la tyrannie, & m'en suis bien trouvé. Catilina s'est efforcé d'y parvenir & a succombé malheureusement. Voilà deux exemples bien instructifs pour vous.

CESAR.

Je n'entends point tous ces beaux exemples. Vous avez tenu la République dans les fers, & vous avez été assez mal habile homme pour vous dégrader vous-même. Après avoir quitté la suprême puissance, vous êtes demeuré avili, obscur, inutile, abattu. L'homme fortuné fut abandonné de la fortune. Voilà déja un de vos exemples que je ne comprends point Pour l'autre, Catilina a voulu se rendre le maître & a bien fait jusques-là. Il n'a pas bien sçu prendre ses mesures. Tanpis pour lui. Quant à moi, je ne tenterai rien qu'avec de bonnes précautions.

CATILINA.

J'avois pris les mêmes mesures que vous. Flatter la jeunesse, la corrompre par des plaisirs, l'engager dans des crimes, l'abîmer par la dépense & par les dettes : s'autoriser par des femmes d'un esprit intriguant & broüillon. Pouviez-vous mieux faire ?

CESAR.

Vous dites là des choses que je ne connois point. Chacun fait comme il peut.

CATILINA.

Vous pouvez éviter les maux où je suis tombé, & je suis venu vous en avertir.

SYLLA.

Pour moi je vous le dis encore, je me suis bien trouvé d'avoir renoncé aux affaires avant ma mort.

CESAR.

Renoncer aux affaires ! Faut-il abandonner la République dans ses besoins ?

SYLLA.

Hé ! ce n'est pas ce que je vous dis. Il y a bien de la difference entre la servir ou la tyranniser.

CESAR.

Hé ! pourquoi donc avez-vous cessé de la servir ?

SYLLA.

Ho ! vous ne voulez pas m'entendre. Je dis qu'il faut servir la Patrie jusqu'à la mort, mais qu'il ne faut ni chercher la tyrannie, ni s'y maintenir quand on y est parvenu.

XXXVIII. DIALOGUE.

CESAR & CATON.

Le pouvoir despotique & tyrannique loin d'assurer le repos & l'autorité des Princes les rend au contraire malheureux, & entraîne inévitablement leur ruine.

CESAR.

HElas, mon cher Caton, te voilà en pitoyable état. L'horrible playe!

CATON.

Je me perçai moi-même à Utique après la bataille de Tapse pour ne point survivre à la liberté. Mais toi, à qui je fais pitié, d'où vient que tu m'as suivi de si près ? Qu'est-ce que j'apperçois ? combien de playes sur ton corps ! Attens que je les compte. En voilà vingt-trois.

CESAR.

Tu ſeras bien ſurpris quand tu ſçauras que j'ai été percé d'autant de coups au milieu du Sénat, par mes meilleurs amis. Quelle trahiſon !

CATON.

Non, je n'en ſuis point ſurpris. N'étois-tu pas le Tyran de tes amis auſſi-bien que du reſte des Citoyens ? Ne devoient-il pas prêter leur bras à la vengeance de la Patrie opprimée ? Il faudroit immoler non-ſeulement ſon ami, mais encore ſon propre frere, à l'exemple de Timoleon ; & ſes propres enfans comme fit l'ancien Brutus.

CESAR.

Un de ſes deſcendans n'a que trop ſuivi cette belle leçon. C'eſt Brutus que j'aimois tant, & qui paſſoit pour mon propre fils, qui a été le chef de la conjuration pour me maſſacrer.

CATON.

O heureux Brutus ! qui a rendu Rome libre, & qui a conſacré ſes mains dans le ſang d'un nouveau Tarquin plus impie & plus ſuperbe que celui qui fut chaſſé par Junius !

CESAR.

Tu as toujours été prévenu contre moi, & outré dans tes maximes de vertu.

CATON.

Qui eſt-ce qui m'a prévenu contre toi ? ta vie diſſoluë, prodigue, artificieuſe, effeminée, tes dettes, tes brigues, ton audace. Voilà ce qui a prévenu Caton contre cet homme dont la ceinture, la robe traînante, l'air de molleſſe, ne promettoient rien qui fût digne des anciennes mœurs. Tu ne m'as point trompé : Je t'ai connu dès ta jeunesse : O ! si l'on m'avoit cru.....

CESAR.

Tu m'aurois enveloppé dans la conjuration de Catilina pour me perdre.

CATON.

Alors tu vivois en femme, & tu n'étois homme que contre ta Patrie. Que ne fis-je point pour te convaincre ? Mais Rome couroit à sa perte, & elle ne vouloit pas connoître ses ennemis.

CESAR.

Ton éloquence me fit peur, je l'avouë, & j'eus recours à l'autorité. Mais tu ne peux désavoüer que je me tirai d'affaire en habile homme.

CATON.

Dis en habile scélérat. Tu éblouïssois les plus sages par tes discours moderez & insinuans : tu favorisois les conjurez sous prétexte de ne pouſſer pas la rigueur trop loin. Moi ſeul je réſiſtai en vain. Dès lors les Dieux étoient irritez contre Rome.

CESAR.

Dis-moi la vérité. Tu craignois après la bataille de Tapſe de tomber entre mes mains. Tu aurois été fort embarraſſé de paroître devant moi. Hé, ne ſçavois-tu pas que je ne voulois que vaincre & pardonner?

CATON.

C'eſt le pardon du Tyran, c'eſt la vie même; oüi la vie de Caton dûë à Céſar que je craignois. Il valloit mieux mourir que de te voir.

CESAR.

Je t'aurois traité généreuſement, comme je traitai ton fils. Ne valloit-il pas mieux ſecourir encore la République?

CATON.

Il n'y a plus de République dès qu'il n'y a plus de liberté.

CESAR.

Mais quoi, être furieux contre soi-même ?

CATON.

Mes propres mains m'ont mis en liberté malgré le Tyran, & j'ai méprisé la vie qu'il m'eut offerte. Pour toi il a fallu que tes propres amis t'ayent déchiré comme un monstre.

CESAR.

Mais si la vie étoit si honteuse pour un Romain après ma victoire, pourquoi m'envoyer ton fils, voulois-tu le faire dégénérer ?

CATON.

Chacun prend son parti selon son cœur pour vivre ou pour mourir. Caton ne pouvoit que mourir. Son fils moins grand que lui pouvoit encore ſupporter la vie & eſperer à cauſe de ſa jeuneſſe des tems plus libres & plus heureux. Hélas, que ne ſouffris-je point lorſque je laiſſai aller mon fils vers le Tyran !

CESAR.

Mais pourquoi me donnes-tu le nom de Tyran? je n'ai jamais pris le titre de Roi.

CATON.

Il eſt queſtion de la choſe & non pas du nom. De plus combien de fois te vit-on prendre divers détours pour accoutumer le Sénat & le Peuple à ta Royauté? Antoine même dans la fête des Lupercales fut aſſez impudent pour te mettre ſous une apparence de jeu un Diadême autour de la tête. Ce jeu parut trop ſérieux & fit horreur. Tu ſentis bien l'indignation publique & tu renvoyas à Jupiter un honneur que tu n'oſois accepter. Voilà ce qui acheva de déterminer les conjurez à ta perte. Hé bien, ne ſçavons-nous pas ici-bas d'aſſez bonnes nouvelles ?

CESAR.

Trop bonnes: mais tu ne me fais pas juſtice. Mon gouvernement a été doux. Je me ſuis comporté en vrai Pere de la Patrie, on en peut juger par la douleur que le Peuple témoigna après ma mort. C'eſt un tems où tu ſçais que la flaterie n'eſt plus de ſaiſon. Helas! les pauvres gens quand on leur préſenta ma robe ſanglante, voulurent me vanger. Quels regrets ! Quelle pompe au Champ de Mars à mes funérailles ! Qu'as-tu à répondre ?

CATON.

Que le peuple eſt toujours peuple crédule, groſſier, capricieux, aveugle, ennemi de ſon véritable intérê intérêt. Pour avoir favorisé les successeurs du Tyran & persécuté ses libérateurs, qu'est-ce que ce peuple n'a pas souffert ? On a vû ruisseler le plus pur sang des Citoyens par d'innombrables proscriptions. Les Triumvirs ont été plus barbares que les Gaulois mêmes qui prirent Rome. Heureux qui n'a point vû ces jours de désolation ! Mais enfin parle-moi. O Tyran, pourquoi déchirer les entrailles de Rome ta mere ? Quel fruit te reste-t'il d'avoir mis ta Patrie dans les fers ? Est-ce de la gloire que tu cherchois, n'en aurois-tu pas trouvé une plus pure & plus éclatante à conserver la liberté & la grandeur de cette Ville Reine de l'Univers, comme les Fabius, les Fabricius, les Marcellus, les Scipions ? Te falloit-il une vie douce & heureuse ? L'as-tu trouvée dans les horreurs inféparables de la tyrannie ? Tous les jours de ta vie étoient pour toi aussi perilleux que celui où tant de bons Citoyens immortaliserent leur vertu en te massacrant. Tu ne voyois aucun vrai Romain dont le courage ne dût te faire pâlir d'effroi. Est-ce donc-là cette vie tranquille & heureuse que tu as acheté par tant de peines & de crimes ? Mais que dis-je, tu n'a pas eu même le tems de joüir du fruit de ton impiété. Parle, parle, Tyran, tu as maintenant autant de peines à soutenir mes regards que j'en aurois eu à souffrir ta présence odieuse quand je me donnai la mort à Utique. Dis, si tu l'oses, que tu as été heureux.

CESAR.

J'avouë que je ne l'étois pas : mais c'étoient tes semblables qui troubloient mon bonheur.

CATON.

Dis plutôt que tu les troublois toi-même. Si tu avois aimé la Patrie, la Patrie t'auroit aimé. Celui que la Patrie aime n'a pas besoin de gardes. La Patrie entiere veille autour de lui. La vraye sûreté est de ne faire que du bien, & d'interesser le monde entier à sa conservation. Tu as voulu regner & te faire craindre. Hé bien, tu as regné, on t'a craint : Mais les hommes se sont délivrez du Tyran & de la crainte tout ensemble. Ainsi perissent ceux qui voulant être crains de tous les hommes, ont eux-mêmes tout à craindre de tous les hommes interessez à les prévenir & à se délivrer de leur tyrannie.

CESAR.

Mais cette puissance que tu appelle tyrannique étoit devenuë néceſſaire. Rome ne pouvoit plus ſoutenir ſa liberté ; il lui falloit un Maître. Pompée commençoit à l'être : je ne pus ſouffrir qu'il le fût à mon préjudice.

CATON.

Il falloit abattre le Tyran ſans aſpirer à la tyrannie. Après tout, ſi Rome étoit aſſez lâche pour ne pouvoir plus ſe paſſer d'un Maître, il valloit mieux laiſſer faire ce crime à un autre. Quand un voyageur va tomber entre les mains des ſcélerats qui ſe préparent à le voler, faut-il les prévenir en ſe hâtant de faire une action ſi horrible ? Mais la trop grande autorité de Pompée t'a ſervi de prétexte Ne ſçait-on pas ce que tu dis en allant en Eſpagne dans une petite Ville où divers Citoyens briguoient la Magiſtrature? Crois-tu qu'on ait oublié ces vers Grecs qui étoient si souvent dans ta bouche ? De plus, si tu connoissois la misere & l'infamie de la tyrannie, que ne la quittois-tu ?

CESAR.

Hé quel moyen de la quitter ! Le sentier par où on y monte est rude & escarpé, mais il n'y a point de chemin pour en descendre, on n'en sort que pour tomber dans le précipice.

CATON.

Malheureux, pourquoi donc y aspirer ? Pourquoi tout renverser pour y parvenir ? Pourquoi verser tant de sang & n'épargner pas le tien même qui fut encore répandu trop tard ? Tu cherches de vaines excuses.

CESAR.

Et toi, tu ne me répons pas,

je te demande comment on peut avec ſûreté quitter la Tyrannie.

CATON.

Va le demander à Sylla & tais-toi. Conſulte ce monſtre affamé de ſang. Son exemple te fera rougir. Adieu, je crains que l'ombre de Brutus ne ſoit indignée, ſi elle me voit parler avec toi.

XXXIX. DIALOGUE.

CATON & CICERON.

Caractere de ces deux Philosophes, avec un admirable contraste de ce qu'il y avoit de trop farouche & de trop austere dans la vertu de l'un, & de trop foible dans celle de l'autre.

CATON.

IL y a long-tems, grand Orateur, que je vous attendois ici. Il y a long-tems que vous y deviez arriver. Mais vous y êtes venu le plus tard qu'il vous a été possible.

CICERON.

J'y suis venu après une mort pleine de courage. J'ai été la victime de la République ; car depuis le tems de la conjuration de Catilina, où j'avois sauvé Rome, personne ne pouvoit plus être ennemi de la République ſans me déclarer la guerre.

CATON.

J'ai pourtant ſçû que vous aviez trouvé grace auprès de Céſar par vos ſoumiſſions : Que vous lui prodiguiez les plus magnifiques loüanges : Que vous étiez l'ami intime de tous les lâches Favoris, & que vous perſuadiez même dans vos Lettres d'avoir recours à ſa clémence pour vivre en paix au milieu de Rome dans la ſervitude. Voilà à quoi ſert l'éloquence.

CICERON.

Il eſt vrai que j'ai harangué Céſar pour obtenir la grace de Marcellus & de Ligarius.

CATON.

Hé ! ne vaut-il pas mieux ſe taire que d'employer ſon éloquence à un flater Tyran ? O Cicéron !

j'ai sçû plus que vous : j'ai sçû me taire & mourir.

CICERON.

Vous n'avez pas vû une belle observation que j'ai faite dans mes Offices, qui est que chacun doit suivre son caractere. Il y a des hommes d'un naturel fier & intraitable qui doivent soutenir cette vertu austere & farouche jusqu'à la mort. Il ne leur est pas permis de supporter la vûë du Tyran : ils n'ont d'autre ressource que celle de se tuer. Il y a une autre vertu douce & plus sociable de certaines personnes modérées qui aiment mieux la République que leur propre gloire. Ceux là doivent vivre & ménager le Tyran pour le bien public. Ils se doivent à leurs Citoyens, & il ne leur est pas permis d'achever par une mort précipitée la ruine de leur Patrie.

CATON.

Vous avez bien rempli ce devoir, & s'il faut juger de votre amour pour Rome par votre crainte de la mort, il faut avoüer que Rome vous doit beaucoup. Mais les gens qui parlent si bien devroient ajuster toutes leurs paroles avec assez d'art pour ne se pas contredire eux mêmes. Ce Cicéron qui a élevé jusqu'au Ciel César, & qui n'a point eu de honte de prier les Dieux de n'envier pas un si grand bien aux hommes; de quel front a-t'il pû dire ensuite que les meurtriers de César étoient les Liberateurs de la Patrie? Quelle grossiere contradiction! Quelle lâcheté infâme! Peut-on se fier à la vertu d'un homme qui parle ainsi selon le tems?

CICERON.

Il falloit bien s'accommoder aux besoins de la République.

Cette souplesse valloit encore mieux que la guerre d'Afrique entreprise par Scipion & par vous contre les régles de la prudence. Pour moi je l'avois bien prédit, (& l'on n'a qu'à lire mes Lettres) que vous succomberiez. Mais votre naturel infléxible & âpre ne pouvoit souffrir aucun tempérament, vous étiez né pour les extremitez.

CATON.

Et vous pour tout craindre, comme vous l'avez souvent avoüé vous-même. Vous n'étiez capable que de prévoir des inconvéniens. Ceux qui prévaloient vous entraînoient toujours jusqu'à vous faire dédire de vos premiers sentimens. Ne vous a-t'on pas vû admirer Pompée, & exhorter tous vos amis à se livrer à lui? Ensuite n'avez-vous pas cru que Pompée mettroit Rome dans la servitude s'il ſurmontoit Céſar ? Comment, diſiez-vous, croira-t'il les gens de bien s'il eſt le maître, puiſqu'il ne veut croire aucun de nous pendant la guerre où il a beſoin de notre ſecours ? Enfin n'avez-vous pas admiré Céſar ? n'avez-vous pas recherché & loüé Octave?

CICERON.

Mais j'ai attaqué Antoine. Qu'y a-t'il de plus véhement que mes harangues contre lui, ſemblables à celle de Demoſthene contre Philippe ?

CATON.

Elles ſont admirables, mais Demoſthene ſçavoit mieux que vous comment il faut mourir. Antipater ne put lui donner la mort ni la vie. Falloit-il fuïr comme vous fites ſans ſçavoir où vous alliez & attendre la mort des mains de Popilius ? J'ai mieux fait de me la donner moi-même à Utique.

CICERON.

Et moi j'aime mieux n'avoir point desesperé de la République jusqu'à la mort, & l'avoir soutenuë par des conseils modérez, que d'avoir fait une guerre foible & imprudente, & d'avoir fini par un coup de desespoir.

CATON.

Vos négociations ne valoient pas mieux que ma guerre d'Afrique. Car Octave tout jeune qu'il étoit, s'est joüé de ce grand Cicéron qui étoit la lumiere de Rome. Il s'est servi de vous pour s'autoriser. Ensuite il vous a livré à Antoine. Mais vous qui parlez de guerre, l'avez-vous jamais sçu faire? Je n'ai pas encore oublié votre belle conquête de Pindenisse petite Ville des détroits de la Cilicie; un Parc de moutons n'eſt guere plus facile à prendre. Pour cette belle expédition il vous falloit un triomphe ſi on eût voulu vous en croire ; les ſupplications ordonnées par de Sénat ne ſuffiſoient pas pour de tels exploits. Voici ce que je répondis aux ſollicitations que vous me fîtes là-deſſus. Vous devez être plus content, diſois-je, des loüanges du Sénat que vous avez méritées par votre bonne conduite que d'un triomphe ; car le triomphe marqueroit moins la vertu du triomphateur, que le bonheur dont les Dieux auroient accompagné ſes entrepriſes. C'eſt ainſi qu'on tâche d'amuſer comme on peut les hommes vains & incapables de ſe faire juſtice.

CICERON.

Je reconnois que j'ai toujours été paſſionné pour les loüanges ; mais faut-il s'en étonner ? N'en ai-je pas mérité de grandes par mon Consulat, par mon amour pour la République, par mon éloquence ? Enfin par mon goût pour la Philosophie. Quand je ne voyois plus de moyens de servir Rome dans ses malheurs, je me consolois dans une honnête oisiveté à raisonner, à écrire sur la vertu.

CATON.

Il valoit mieux la pratiquer dans les périls, qu'en écrire. Avoüez-le franchement, vous n'étiez qu'un foible copiste des Grecs : Vous mêliez Platon avec Epicure, l'ancienne Academie avec la nouvelle ; & après avoir fait l'Historien sur leurs préceptes dans des Dialogues où un homme parloit presque toujours seul, vous ne pouviez presque jamais rien conclure. Vous étiez toujours étranger dans la Philosophie, & vous ne ſongiez qu'à orner votre eſprit de ce qu'elle a de beau. Enfin vous avez toujours été flottant en Politique & en Philoſophe.

CICERON.

Adieu Caton. Votre mauvaiſe humeur va trop loin. A vous voir ſi chagrin on croiroit que vous regrettez la vie. Pour moi je ſuis conſolé de l'avoir perduë, quoyque je n'aye point tant fait le brave. Vous vous en faites trop accroire, pour avoir fait en mourant ce qu'ont fait beaucoup d'Eſclaves avec autant de courage que vous.

XL. DIALOGUE.

CESAR & ALEXANDRE.

Caracteres d'un Tyran, & d'un Prince qui étant né avec les plus belles qualitez pour faire un grand Roi, s'abandonne à son orgueil & à ses passions. L'un & l'autre sont les fleaux du genre humain ; mais l'un est à plaindre, & l'autre fait l'horreur de l'humanité.

ALEXANDRE.

QUi est donc ce Romain nouvellement venu ? Il est percé de bien des coups. Ah, j'entens qu'on dit que c'est César. Je te saluë, grand Romain, on disoit que tu devois aller vaincre les Parthes & conquérir tout l'Orient : d'où vient que nous te voyons ici ?

CESAR.

Mes amis m'ont assassiné dans le Sénat.

ALEXANDRE.

Pourquoi étois-tu devenu leur

Tyran, toi qui n'étois qu'un simple Citoyen de Rome.

CESAR.

C'est bien à toi à parler ainsi! N'as-tu pas fait l'injuste conquête de l'Asie? N'as-tu pas mis la Gréce dans la servitude?

ALEXANDRE.

Oüi: mais les Grecs étoient des peuples étrangers & ennemis de la Macédoine. Je n'ai point mis comme toi dans les fers ma propre Patrie; au contraire, j'ai donné aux Macédoniens une gloire immortelle avec l'Empire de tout l'Orient.

CESAR.

Tu as vaincu les hommes efféminez, tu es devenu aussi efféminé qu'eux. Tu as pris les richesses des Perses, & les richesses des Perses t'ont vaincu en te corrompant, As-tu porté jusqu'aux Ensers cet orguëil insensé qui te fit croire que tu étois un Dieu ?

ALEXANDRE.

J'avouë mes fautes & mes erreurs. Mais est-ce à toi à me reprocher ma mollesse ? Ne sçait-on pas ta vie infâme en Bythinie, ta corruption à Rome, où tu n'obtins les honneurs que par des intrigues honteuses ? Sans tes infamies tu n'aurois jamais été qu'un particulier dans ta République. Il est vrai aussi que tu vivrois encore.

CESAR.

Le poison fit contre toi à Babylone ce que le fer a fait contre moi dans Rome.

ALEXANDRE.

Mes Capitaines n'ont pû m'empoisonner sans crime : tes Concitoyens en te poignardant sont les Libérateurs de leur Patrie. Ainsi nos morts sont bien differentes ;

mais nos jeunesses le sont encore davantage. La mienne fut chaste, noble, ingenuë. La tienne fut sans pudeur & sans probité.

CESAR.

Ton ombre n'a rien perdu de l'orgueïl & de l'emportement qui ont paru dans ta vie.

ALEXANDRE.

J'ai été emporté par mon orgueïl, je l'avouë. Ta conduite a été plus mesurée que la mienne : mais tu n'as point imité ma candeur & ma franchise. Il falloit être honnête homme avant que d'aspirer à la gloire de grand homme. J'ai été souvent foible & vain; mais au moins j'étois meilleur pour ma Patrie & moins injuste que toi.

CESAR.

Tu fais grand cas de la justice sans l'avoir suivie. Pour moi je crois que le plus habile homme doit ſe rendre le maître & puis gouverner ſagement.

ALEXANDRE.

Je ne l'ai que trop cru comme toi. Eaque, Radamante & Minos m'en ont ſévérement repris, & ont condamné mes conquêtes. Je n'ai pourtant jamais cru dans mes égaremens qu'il fallût mépriſer la juſtice. Tu te trouves mal de l'avoir violée.

CESAR.

Les Romains ont beaucoup perdu en me tuant. J'avois fait des projets pour les rendre heureux.

ALEXANDRE.

Le meilleur projet eût été d'imiter Sylla, qui ayant été Tyran comme toi de ſa patrie, lui rendit la liberté. Tu aurois fini ta vie en paix comme lui. Mais tu ne peux me croire. Je te quitte & vais t'attendre devant les trois Juges qui te vont juger.

XLI. DIALOGUE.

POMPE'E & CESAR.

Rien n'eſt plus fatal dans un Etat libre que la corruption des femmes, & la prodigalité de ceux qui aſpirent à la tyrannie.

POMPE'E.

JE m'épuiſe en dépenſes pour plaire aux Romains, & j'ai bien de la peine à y parvenir. A l'âge de vingt-cinq ans j'avois déja triomphé. J'ai vaincu Sertorius, Mitridate, les Pirates de Célicie. Ces trois Triomphes m'ont attiré mille envieux. Je fais ſans ceſſe des largeſſes, je donne des ſpectacles, j'attire par mes bienfaits des Cliens innombrables. Tout cela n'appaiſe point l'envie. Le chagrin Caton refuſe même mon alliance. Mille autres me traverſent dans mes deſſeins. Mon

Beau-pere, que pensez-vous là-dessus ? Vous ne dites rien ?

CESAR.

Je pense que vous prenez de fort mauvais moyens pour gouverner la République.

POMPE'E.

Comment donc? Que voulez-vous dire ? En sçaurez-vous de meilleurs que de donner à pleines mains aux particuliers pour enlever leurs suffrages, & que de gagner la faveur du peuple par des Gladiateurs, par des Combats de bêtes farouches, par des mesures de bled & de vin ? Enfin d'avoir beaucoup de Clients zélez pour les spectacles que je donne ? Marius, Cinna, Fimbria, Sylla, tous les autres les plus habiles n'ont-ils pas pris ce chemin-là.

CESAR.

Tout cela ne va point au but, & vous n'y entendez rien. Catilina étoit de meilleur ſens que tous ces gens-là.

POMPE'E.

En quoi ? Vous me ſurprenez : parlez-vous ſerieuſement ?

CESAR.

Oüi. Je ne fus jamais ſi ſérieux.

POMPE'E.

Quel eſt donc ce ſecret pour appaiſer l'envie, pour guérir les ſoupçons, pour charmer les Patriciens & les Plebeïens ?

CESAR.

Le voulez-vous ſçavoir ? Faites comme moi. Je ne vous conſeille que

que ce que je pratique moi-même.

POMPE'E.

Quoi? Flatter le peuple sous une apparence de justice & de liberté? Faire le Tribun ardent & le zélé Gracchus?

CESAR.

C'est quelque chose, mais ce n'est pas tout, il y a encore quelque chose de bien plus sûr.

POMPE'E.

Quoi donc? Est-ce quelque enchantement magique, quelque invocation de Génie, quelque science des Astres?

CESAR.

Bon! Tout cela n'est rien. Ce ne sont que contes de vieilles.

POMPE'E.

Ho! Vous êtes bien méprisant.

Vous avez donc quelque commerce avec les Dieux, comme Numa, Scipion, & plusieurs autres ?

CESAR.

Non, tous ces artifices-là sont usez.

POMPE'E.

Quoi donc ? Enfin ne me tenez plus en suspens.

CESAR.

Voici les deux points fondamentaux de ma doctrine. Premierement corrompre toutes les femmes pour entrer dans le secret le plus intime de toutes les familles. En second lieu, emprunter & dépenser toujours sans mesure ; n'épargner jamais rien. Chaque créancier est interessé à avancer votre fortune pour ne perdre point l'argent que vous lui devez. Ils vous donnent leurs suffrages. Ils remüent Ciel & Terre pour vous procurer ceux de leurs amis. Plus vous avez de créanciers, plus votre brigue est forte. Pour me rendre maître de Rome je travaille à être le débiteur universel de toute la Ville. Plus je suis ruiné, plus je suis puissant ; il n'y a qu'à dépenser, les richesses nous viennent comme un torrent.

XLII. DIALOGUE.

CICERON & AUGUSTE.

Obliger des Ingrats, c'est se perdre soi-même.

AUGUSTE.

BOnjour, grand Orateur : je suis ravi de vous revoir ; car je n'ai pas oublié toutes les obligations que je vous ai.

CICERON.

Vous pouvez vous en souvenir ici-bas, mais vous ne vous en souveniez guére dans le monde.

AUGUSTE.

Après votre mort même je trouvai un jour un de mes petits fils qui lisoit vos Ouvrages ; il craignit que je ne blâmasse cette lecture, & fut embarassé, mais je le rassurai en disant de vous : C'étoit un grand homme & qui aimoit bien sa Patrie? Vous voyez que je n'ai pas attendu la fin de ma vie pour bien parler de vous.

CICERON.

Belle récompense de tout ce que j'ai fait pour vous élever ! Quand vous parûtes jeune & sans autorité après la mort de César, je vous donnai mes conseils, mes amis, mon crédit.

AUGUSTE.

Vous le faisiez moins pour l'amour de moi que pour contrebalancer l'autorité d'Antoine dont vous craigniez la tyrannie.

CICERON.

Il est vrai, je craignis moins un enfant que cet homme puissant & emporté. En cela je me trompois, car vous étiez plus dangereux que lui. Mais enfin vous me devez votre fortune. Que ne diſois-je point au Sénat, pendant que vous étiez au ſiége de Modéne, où les deux Conſuls Hirlius & Panſa victorieux périrent? Leur victoire ne ſervit qu'à vous mettre à la tête de l'Armée. C'étoit moi qui avoit fait déclarer la République contre Antoine par mes Harangues, qu'on a nommées Philippiques. Au lieu de combatre pour ceux qui vous avoient mis les armes à la main, vous vous unîtes lâchement avec votre ennemi Antoine & avec Lépide le dernier des hommes, pour mettre Rome dans les fers. Quand ce monſtrueux Triumvirat fut formé, vous vous demandâtes des têtes les uns aux autres. Chacun pour obtenir des crimes de ſon compagnon étoit obligé d'en commettre. Antoine fut contraint de ſacrifier à votre vangeance L. Céſar ſon propre oncle, pour obtenir de vous ma tête, & vous m'abandonnâtes indignement à sa fureur.

AUGUSTE.

Il est vrai, je ne pûs résister à un homme dont j'avois besoin pour me rendre maître du monde. Cette tentation est violente & il faut l'excuser.

CICERON.

Il ne faut jamais excuser une si noire ingratitude. Sans moi vous n'auriez jamais paru dans le gouvernement de la République. O! que j'ai de regret aux loüanges que je vous ai données. Vous êtes devenu un Tyran cruel, vous n'étiez qu'un ami trompeur & perfide.

AUGUSTE.

Voilà un torrent d'injures. Je croi que vous allez faire contre moi une Philippique plus vehemente que celles que vous fîtes contre Antoine.

CICERON.

Non, j'ai laissé mon éloquence en passant les ondes du Styx. Mais la posterité sçaura que je vous ai fait ce que vous avez été, & que c'est vous qui m'avez fait mourir pour flater la passion d'Antoine. Mais ce qui me fâche le plus, c'est que votre lâcheté en vous rendant odieux à tous les siécles, me rendra méprisable aux hommes critiques. Ils diront que j'ai été la dupe d'un jeune homme qui s'est servi de moi pour contenter son ambition. Obligez les hommes mal nez, il ne vous en revient que de la douleur & de la honte.

XLIII. DIALOGUE.

SERTORIUS & MERCURE.

Les Fables & les Illusions font plus sur la populace credule, que la verité & la vertu.

MERCURE.

JE suis bien pressé de m'en retourner vers l'Olympe, & j'en suis fort fâché, car je meurs d'envie de sçavoir par où tu as fini ta vie.

SERTORIUS.

En deux mots je te l'apprendrai. Le jeune Apprentif & la bonne Vieille ne pouvoient me vaincre. Perpenna le traître me fit mourir. Sans lui j'aurois fait voir bien du pays à mes ennemis.

MERCURE.

Qui appelles-tu le jeune Apprentif & la bonne Vieille ?

SERTORIUS.

Hé ! ne le sçavez-vous pas, c'est Pompée & Metellus. Metellus étoit mou & appesanti, incertain, trop vieux & usé. Il perdoit les occasions décisives par sa lenteur. Pompée étoit au contraire sans expérience. Avec des Barbares ramassez, je me jouois de ces deux Capitaines & de leurs Légions.

MERCURE.

Je ne m'en étonne pas. On dit que tu étois Magicien, que tu avois une Biche qui venoit dans ton Camp te dire tous les desseins de tes ennemis, & tout ce que tu pouvois entreprendre contre eux.

SERTORIUS.

Tandis que j'ai eu besoin de ma Biche, je n'en ai découvert

le ſecret à perſonne, mais maintenant que je ne puis plus m'en ſervir, j'en dirai tout le myſtére.

MERCURE.

Hé bien ; étoit-ce quelque enchantement ?

SERTORIUS.

Point du tout. C'étoit une ſottiſe qui m'a plus ſervi que mon argent, que mes troupes, que le débris du parti de Marius contre Sylla, que j'avois recueïlli dans un coin des montagnes d'Eſpagne & de Luſitanie. Une illuſion faite à propos méne loin des peuples crédules.

MERCURE.

Mais cette illuſion n'étoit-elle pas bien groſſiére ?

SERTORIUS.

Sans doute, mais les peuples pour qui elle étoit préparée étoient encore plus groſſiers.

MERCURE.

Quoi ces Barbares croyoient tout ce que tu racontois de ta Biche ?

SERTORIUS.

Tout. Il ne tenoit qu'à moi d'en dire encore davantage, ils l'auroient crû. Avois-je découvert par des coureurs ou par des espions la marche des ennemis, c'étoit la Biche, qui me l'avoit dit à l'oreille. Avois-je été battu, la Biche me parloit pour déclarer que les Dieux alloient relever mon parti. La Biche ordonnoit aux Habitans du pays de me donner toutes leurs forces, faute dequoi la peste & la famine devoient les désoler. Ma Biche étoit-elle perduë depuis quelques jours & ensuite retrouvée secretement, je la faisois tenir bien cachée, & je déclarois par un préssentiment ou sur quelque présage qu'elle alloit revenir;

après quoi je la faisois rentrer dans le Camp, où elle ne manquoit pas de me rapporter des nouvelles de vous autres Dieux. Enfin ma Biche faisoit tout ; elle seule reparoit mes malheurs.

MERCURE.

Cet animal t'a bien servi. Mais tu nous servois mal. Car de telles impostures décrient les immortels & font grand tort à tous nos mysteres. Franchement tu étois un Impie.

SERTORIUS.

Je ne l'étois pas plus que Numa avec sa Nymphe Egerie; que Lycurgue & Solon avec leur commerce secret des Dieux ; que Socrate avec son Esprit familier ; enfin que Scipion avec sa façon mystérieuse d'aller au Capitole consulter Jupiter qui lui inspiroit toutes ses entreprises de guerre contre Carthage. Tous ces gens-là ont été des imposteurs aussi-bien que moi.

MERCURE.

Mais ils ne l'étoient que pour établir de bonnes Loix, ou pour rendre la Patrie victorieuse.

SERTORIUS.

Et moi pour me défendre contre le parti du Tyran Sylla qui avoit opprimé Rome, & qui avoit envoyé des Citoyens changez en Esclaves, pour me faire périr comme le dernier soûtien de la Liberté.

MERCURE.

Quoi donc! La République entiere tu ne la regardes que comme la parti de Sylla? De bonne foi tu étois demeuré seul contre tous les Romains. Mais enfin tu trompois ces pauvres Barbares par des mysteres de Réligion.

SERTORIUS.

Il eſt vrai, mais comment faire autrement avec les ſots. Il faut bien les amuſer pas des ſottiſes & aller à ſon but. Si on ne leur diſoit que des véritez ſolides, ils ne les croiroient pas. Racontez des fables, flattez, amuſez ; grands & petits courent après vous.

XLIV. DIALOGUE.

Le jeune POMPE'E & MENAS l'Affranchi.

Caractere d'un homme qui n'aimant pas la vertu pour elle-même, n'eſt ni aſſez bon pour ne vouloir pas profiter du vice, ni aſſez méchant pour vouloir le commettre.

MENAS.

VOulez-vous que je faſſe un beau coup ?

POMPE'E.

Quoi donc ? Parle , te voilà tout troublé, tu as l'air d'une Sybille dans son antre, qui étouffe, qui écume , qui est forcenée.

MENAS.

C'est de joye. O l'heureuse occasion ! Si c'étoit mon affaire tout seroit déja achevé. Le voulez-vous ? un mot. Oüi , ou non.

POMPE'E.

Quoi tu ne m'expliques rien, & tu demandes une réponse. Dis donc ce que tu veux. Parle clairement.

MENAS.

Vous avez là Antoine & Octave couchez à cette table dans votre vaisseau, ils ne songent qu'à faire bonne chere.

POMPE'E.

Crois-tu que je n'aye pas des yeux pour les voir ?

MENAS.

Mais avez-vous des oreilles pour m'entendre ? Le beau coup de filet !

POMPE'E.

Quoi, voudrois-tu que je les trahisse ? Moi manquer à la foi donnée à mes ennemis ? Le fils du grand Pompée agir en scelerat. Ha ! Menas, tu me connois mal.

MENAS.

Vous m'entendez encore plus mal : ce n'est pas vous qui devez faire ce coup. Voilà la main qui le prépare. Tenez votre parole en grand homme, & laissez faire Menas qui n'a rien promis.

POMPE'E.

Mais tu veux que je te laisse faire, moi à qui on s'est confié? Tu veux que je le sçache & que je le souffre ? Ah ! Menas, mon pauvre Menas, pourquoi me l'as-tu dit ?

il falloit le faire ſans me le dire.

MENAS.

Mais vous n'en ſçaurez rien. Je couperai la corde des anchres ; nous irons en pleine mer: les deux Tyrans de Rome ſont dans vos mains. Les Manes de votre pere ſeront vangées des deux heritiers de Céſar. Rome ſera en liberté. Qu'un vain ſcrupule ne vous arrête pas. Menas n'eſt pas Pompée : Pompée ſera fidele à ſa parole, généreux, tout couvert de gloire, Menas l'Affranchi; Menas fera le crime, & le vertueux Pompée en profitera.

POMPE'E.

Mais Pompée ne peut ſçavoir le crime & le permettre ſans y participer. Ah malheureux ! tu as tout perdu en me parlant. Que je regrette ce que tu pouvois faire !

MENAS.

Si vous le regrettez, pourquoi ne le permettez-vous pas ? Et si vous ne le pouvez permettre pourquoi le regrettez-vous ? Si la chose est bonne, il faut la vouloir hardiment & n'en point faire de façon; si elle est mauvaise pourquoi vouloir qu'elle fût faite, & ne vouloir pas qu'on la fasse ? Vous êtes contraire à vous-même. Un phantôme de vertu vous rend ombrageux, & vous me faites bien sentir la verité de ce qu'on dit : Qu'il faut une ame forte pour oser faire de grands crimes.

POMPE'E.

Il est vrai, Menas, je ne suis ni assez bon pour ne vouloir pas profiter d'un crime, ni assez méchant pour oser le commettre moi-même. Je me vois dans un entre-deux qui n'est ni vertu, ni vice. Ce n'est pas le vrai honneur; c'est une mauvaise honte qui me retient. Je ne puis autoriser un traître, & je n'aurois point d'honneur de la trahison si elle étoit faite pour me rendre maître du monde.

XLV. DIALOGUE.

CALIGULA & NERON.

Dangers du pouvoir despotique quand un Souverain a la tête foible.

CALIGULA.

JE suis ravi de te voir. Tu es une rareté. On a voulu me donner de la jalousie contre toi en m'assurant que tu m'as surpasſé en prodiges ; mais je n'en crois rien.

NERON.

Belle comparaiſon ! tu étois un fou. Pour moi je me ſuis joüé des hommes, & je leur ai fait voir des choſes qu'ils n'avoient jamais vûës. J'ai fait périr ma mere, ma Femme, mon Gouverneur, & mon Précepteur. J'ai brûlé ma Patrie. Voilà des coups d'un grand courage qui s'éleve au-deſſus de la foibleſſe humaine. Le vulgaire appelle cela cruauté ; moi je l'appelle mépris de la nature entiere, & grandeur d'ame.

CALIGULA.

Tu fais le Fanfaron. As-tu étouffé comme moi ton pere mourant ? As-tu careſſé comme moi ta femme, en lui diſant : Jölie petite tête que je ferai couper quand je voudrai.

NERON.

Tout cela n'eſt que gentilleſſe; pour moi je n'avance rien qui ne ſoit ſolide. Hé vraiment j'avois oublié un des beaux endroits de ma vie. C'eſt d'avoir fait mourir mon frere Britannicus.

CALIGULA.

C'eſt quelque choſe, je l'avoüe. Sans doute tu l'as fait pour imiter la vertu du grand Fondateur de Rome, qui pour le bien public n'épargna pas même le ſang de ſon frere. Mais tu n'étois qu'un Muſicien.

NERON.

Pour toi tu avois des prétentions plus hautes; tu voulois être Dieu, & maſſacrer tous ceux qui en auroient douté.

CALIGULA.

Pourquoi non? Pouvoit-on mieux employer la vie des hommes que de la ſacrifier à ma Divinité ? C'étoient autant de victimes immolées ſur mes Autels.

NERON.

Je ne donnois point dans de telles viſions : mais j'étois le plus grand Muſicien & le Comédien le plus parfait de l'Empire : j'étois même bon Poëte.

CALIGULA.

Du moins tu le croyois : mais les autres n'en croyoient rien ; on ſe mocquoit de ta voix & de tes vers.

NERON.

On ne s'en mocquoit pas impunément. Lucain ſe repentit de m'avoir voulu ſurpaſſer.

CALIGULA.

Voilà un bel honneur pour un Empereur Romain, que de monter ſur le Théatre comme un bouffon, d'être jaloux des Poëtes, & de s'attirer la dériſion publique !

NERON.

C'eſt le voyage que je fis dans la Gréce qui m'échauffa la cervelle pour le Théatre & pour toutes les répreſentations.

CALIGULA.

Tu devois demeurer en Gréce pour y gagner ta vie en Comédien, & laiſſer faire un autre Empereur à Rome qui en ſoutint mieux la Majeſté.

NERON.

N'avois-je pas ma maiſon dorée qui devoit être plus grande que les plus grandes Villes ? Oüi da, je m'entendois en magnificence.

CALIGULA.

Si on l'eût achevée, cette maiſon, il auroit fallu que les Romains fuſſent allez loger hors de Rome. Cette maiſon étoit proportionnée au Coloſſe qui te repreſentoit, & non pas à toi qui n'étois n'étois pas plus grand qu'un autre homme.

NERON.

C'eſt que je viſois au grand.

CALIGULA.

Non : tu viſois au giganteſque & au monſtrueux. Mais tous ces beaux deſſeins furent renverſez par Vindex.

NERON.

Et les tiens par Chereas comme tu allois au Théatre.

CALIGULA.

A n'en point mentir nous fîmes tous deux une fin aſſez malheureuſe & dans la fleur de notre jeuneſſe.

NERON.

Il faut dire la verité ; peu de gens étoient portez à faire des vers pour nous, & à nous souhaiter une longue vie. On passe mal son tems à se croire toujours entre des poignards.

CALIGULA.

De la maniere que tu en parles, tu ferois croire que si tu retournois au monde, tu changerois de vie.

NERON.

Point du tout, je ne pourrois gagner sur moi de me moderer. Vois-tu bien, mon pauvre ami, & tu l'as senti aussi bien que moi, c'est une étrange chose que de pouvoir tout quand on a la tête un peu foible; elle tourne bien vîte dans cette puissance sans bornes. Tel seroit sage dans une condition médiocre, qui devient insensé quand il est le maître du monde.

CALIGULA.

Cette folie seroit bien jolie si

elle n'avoit rien à craindre ; mais les conjurations, les troubles, les remords, les embarras d'un grand Empire gâtent le métier. D'ailleurs la Comédie est courte ; ou plutôt c'est une horrible Tragédie qui finit tout à coup. Il faut venir compter ici avec ces trois Vieillards chagrins & severes, qui n'entendent point raillerie & qui punissent comme des scelerats ceux qui se faisoient adorer sur la terre. Je vois venir Domitien, Commode, Caracalla, Heliogabale, chargez de chaînes qui vont passer leur tems aussi mal que nous.

XLVI. DIALOGUE.

ANTONIN PIE & MARC AURELE.

Il faut aimer ſa Patrie plus que ſa Famille.

MARC AURELE.

O Mon pere j'ai grand beſoin de venir me conſoler avec vous. Je n'euſſe jamais crû pouvoir ſentir une ſi vive douleur ayant été nourri dans la vertu inſenſible des Stoïciens, & étant deſcendu dans ces demeures bienheureuſes, où tout eſt ſi tranquille ?

ANTONIN.

Helas mon pauvre fils ! Quel malheur te jette dans ce trouble ?

Tes larmes sont bien indécentes pour un Stoïcien. Qu'y a-t'il donc ?

MARC AURELE.

Ah ! c'est mon fils Cõmode que je viens de voir : il a deshonnoré notre nom si aimé du peuple. C'est une femme débauchée qui l'a fait massacrer pour prévenir ce malheureux, parce qu'il l'avoit mise dans une liste de gens qu'il devoit faire mourir.

ANTONIN.

J'ai sçû qu'il a mené une vie infâme. Mais pourquoi as-tu négligé son éducation ? Tu es cause de son malheur ; il a bien plus à se plaindre de ta négligence qui l'a perdu, que tu n'as à te plaindre de ses desordres.

MARC AURELE.

Je n'avois pas le loisir de penser à un enfant. J'étois toujours accablé de la multitude des affaires d'un si grand Empire, & des guerres étrangeres; je n'ai pourtant pas laissé d'en prendre quelque soin. Hélas! si j'eusse été un simple particulier, j'aurois moi-même instruit & formé mon fils, je l'aurois laissé honnête-homme; mais je lui ai laissé trop de puissance pour lui laisser de la modération & de la vertu.

ANTONIN.

Si tu prévoyois que l'Empire dût le gâter, il falloit s'abstenir de le faire Empereur, & pour l'amour de l'Empire qui avoit besoin d'être bien gouverné, & pour l'amour de ton fils qui eût mieux vallu dans une condition médiocre.

MARC AURELE.

Je n'ai jamais prévû qu'il se corromproit.

ANTONIN.

Mais ne devois-tu pas le prévoir ? N'eſt-ce point que la tendreſſe paternelle t'a aveuglé? Pour moi je choiſis en ta perſonne un étranger, foulant aux pieds tous les intérêts de ma famille. Si tu en avois fait autant, tu n'aurois pas tant de déplaiſirs ; mais ton fils te fait autant de honte que tu m'as fait d'honneur. Dis-moi la vérité, ne voyois-tu rien de mauvais dans ce jeune homme ?

MARC AURELE.

J'y voyois d'aſſez grands défauts, mais j'eſpérois qu'il ſe corrigeroit.

ANTONIN.

C'eſt à dire, que tu en voulois faire l'expérience aux dépens de l'Empire. Si tu avois ſincerement aimé la Patrie plus que ta famille, tu n'aurois pas voulu hazarder le bien public pour ſoutenir la grandeur particuliere de ta Maiſon.

MARC AURELE.

Pour parler ingenuement, je n'ai jamais eu d'autre intention que celle de préferer l'Empire à mon fils. Mais l'amitié que j'avois pour mon fils m'a empêché de l'obſerver d'aſſez près. Dans le doute je me ſuis flatté, & l'eſpérance a ſéduit mon cœur ?

ANTONIN.

O quel malheur ! que les meilleurs hommes ſoient ſi imparfaits ; & qu'ayant tant de peine à faire du bien, ils faſſent ſouvent ſans le vouloir des maux irréparables !

MARC AURELE.

Je le voyois bien fait, adroit à tous les exercices du corps, & environné de ſages Conſeillers qui avoient eu ma confiance, & qui pouvoient modérer ſa jeuneſſe. Il eſt vrai que ſon naturel étoit léger, violent, adonné au plaiſir.

ANTONIN.

Ne connoissois tu dans Rome aucun homme plus digne de l'Empire du monde ?

MARC AURELE.

J'avouë qu'il y en avoit plusieurs ; mais je croyois pouvoir préferer mon fils, pourvû qu'il eût de bonnes qualitez.

ANTONIN.

Que signifioit donc ce langage de vertu si héroïque, quand tu écrivois à Faustine que si Avidius Cassius étoit plus digne de l'Empire que toi & ta famille, il falloit consentir qu'il prévalût & que ta famille pérît avec toi ? Pourquoi ne suivre point ces grandes maximes, lorsqu'il s'agissoit de choisir un successeur ? Ne devois-tu pas à la Patrie de préferer le plus digne ?

MARC AURELE.

J'avouë ma faute : mais la femme que tu m'avois donné avec l'Empire, & dont j'ai souffert les desordres par reconnoissance pour toi, ne m'a jamais permis de suivre la pureté de ses maximes. En me donnant ta fille avec l'Empire, tu fis la premiere faute dont la mienne a été la suite. Tu me fis deux présens, dont l'un a gâté l'autre, & m'a empêché d'en faire un bon usage. J'avois de la peine à m'excuser en te blâmant : mais enfin tu me presses trop. N'as-tu pas fait pour ta fille ce que tu me reproches d'avoir fait pour mon fils ?

ANTONIN.

En te reprochant ta faute, je n'ai garde de desavoüer la mienne : mais je t'avois donné une femme qui n'avoit aucune autorité. Elle n'avoit que le nom d'Impératrice : tu pouvois & tu devois la répudier ſelon les loix, quand elle eut une mauvaiſe conduite. Enfin il falloit au moins t'élever au-deſſus des importunitez d'une femme. De plus, elle étoit morte, & tu étois libre, quand tu laiſſas l'Empire à ton fils. Tu as reconnu le naturel leger & emporté de ce fils; il n'a ſongé qu'à donner des ſpectacles, qu'à tirer de l'arc, qu'à percer des Bêtes farouches, qu'à ſe rendre auſſi farouche qu'elles, qu'à devenir un Gladiateur, qu'à égarer ſon imagination, allant tout nud avec une peau de lion, comme s'il eût été Hercules, qu'à ſe plonger dans des vices qui font horreur, & qu'à ſuivre tous ſes ſoupçons avec une cruauté monſtrueuſe. O mon fils, ceſſe de t'excuſer! un homme ſi inſenſé & ſi méchant ne pouvoit tromper un homme auſſi éclairé que toi, ſi la tendreſſe n'avoit point affoibli ta prudence & ta vertu.

XLVII. DIALOGUE.

HORACE & VIRGILE.

Caracteres de ces deux Poëtes.

VIRGILE.

QUe nous ſommes tranquilles & heureux ſur ces gazons toujours fleuris au bord de cette onde ſi pure, auprès de ce bois odoriferant.

HORACE.

Si vous n'y prenez garde vous allez faire une Eglogue. Les ombres n'en doivent point faire. Voyez Homere, Heſiode, Theocrite couronnez de laurier, ils entendent chanter leurs vers; mais ils n'en font plus.

VIRGILE.

J'apprens avec joye que les vôtres ſont encore après tant de ſiécles les délices des gens de lettres. Vous ne vous trompiez pas quand vous diſiez dans vos Odes d'un ton ſi aſſuré : Je ne mourrai pas tout entier.

HORACE.

Mes Ouvrages ont réſiſté au tems, il eſt vrai; mais il faut vous aimer autant que je le fais pour n'être point jaloux de votre gloire. On vous place d'abord après Homere.

VIRGILE.

Nos Muſes ne doivent point être jalouſes l'une de l'autre. Leurs genres ſont differents. Ce que vous avez de merveilleux, c'eſt la varieté; vos Odes ſont tendres, gracieuſes, ſouvent véhementes, rapides, ſublimes. Vos Satyres ſont ſimples, naïves, courtes, pleines de ſel. On y trouve une profonde connoiſſance de l'homme, une Philoſophie très-ſérieuſe avec un tour plaiſant qui redreſſe les mœurs des hommes & qui les inſtruit en ſe joüant. Votre art Poëtique montre que vous aviez toute l'étenduë des connoiſſances acquiſes, & toute la force de génie neceſſaire pour éxécuter les plus grands Ouvrages, ſoit pour le Poëme épique, ſoit pour la Tragédie.

HORACE.

C'eſt bien à vous à parler de variété, vous qui avez mis dans vos Eglogues la tendreſſe naïve de Theocrite. Vos Georgiques ſont pleines de peintures les plus riantes. Vous embelliſſez & vous paſſionnez toute la nature. Enfin dans votre Eneïde, le bel ordre, la magnificence, la force & la ſublimité d'Homere éclatte par tout.

VIRGILE.

Mais je n'ai fait que le ſuivre pas à pas.

HORACE.

Vous n'avez point ſuivi Homere quand vous avez traité les amours de Didon. Ce quatriéme Livre eſt tout original. On ne peut pas même vous ôter la loüange d'avoir fait la deſcente d'Enée aux Enfers, plus belle que n'eſt l'évocation des ames qui eſt dans l'Odyſſée.

VIRGILE.

Mes derniers Livres ſont négligez. Je ne prétendois pas les laiſſer ſi imparfaits. Vous ſçavez que je voulus les brûler.

HORACE.

Quel dommage, ſi vous l'euſſiez fait ! C'étoit une délicateſſe exceſſive. On voit bien que l'Auteur des Georgiques auroit pû finir l'Enéïde avec le même ſoin. Je regarde moins cette derniere exactitude, que l'effort du génie, la conduite de tout l'Ouvrage, la force & la hardiesse des peintures. A vous parler ingénuëment, si quelque chose vous empêche d'égaler Homere, c'est d'être plus poli, plus châtié, plus fini ; mais moins simple, moins fort, moins sublime. Car d'un seul trait il met la nature toute nuë devant les yeux.

VIRGILE.

J'avouë que j'ai dérobé quelque chose à la simple nature pour m'accommoder au goût d'un peuple magnifique & délicat sur toutes les choses qui ont rapport à la politesse. Homere semble avoir oublié le Lecteur pour ne songer à peindre en tout que la vraye nature. En cela je lui cede.

HORACE.

Vous êtes toujours ce modeste

Virgile qui eut tant de peine à ſe produire à la Cour d'Auguſte. Je vous ai dit librement ce que j'ai penſé ſur vos Ouvrages, dites-moi de même les défauts des miens. Quoi donc me croyez-vous incapable de les reconnoître ?

VIRGILE.

Il y a, ce me ſemble, quelques endroits de vos Odes qui pourroient être retranchez ſans rien ôter au ſujet, & qui n'entrent point dans votre deſſein. Je n'ignore point le tranſport que l'Ode doit avoir : mais il y a des choſes écartées qu'un beau tranſport ne va point chercher. Il y a auſſi quelques endroits paſſionnez, merveilleux, où vous remarquerez peut-être quelque choſe qui y manque, ou pour l'harmonie, ou pour la ſimplicité de la paſſion. Jamais homme n'a donné un tour plus heureux que vous à la parole, pour lui faire signifier un beau sens avec briéveté & délicatesse : Les mots deviennent tous nouveaux par l'usage que vous en faites : mais tout n'est pas également coulant, il y a des choses que je croirois un peu trop tournées.

HORACE.

Pour l'harmonie, je ne m'étonne pas que vous soyez si difficile. Rien n'est si doux & si nombreux que vos vers : leur cadence seule attendrit & fait couler les larmes des yeux....

VIRGILE.

L'Ode demande une autre harmonie toute differente que vous avez trouvé presque toujours, & qui est plus variée que la mienne.

HORACE.

Enfin je n'ai fait que de petits Ouvrages. J'ai blâmé ce qui est mal : J'ai montré les regles de ce qui est bien ; mais je n'ai rien exeeuté de grand comme votre Poëme héroïque.

VIRGILE.

En verité, mon cher Horace, il y a déja trop long-tems que nous nous donnons des loüanges, pour d'honnêtes gens, j'en ai honte. Finissons.

Fin du premier Tome.

APPROBATION.

J'Ai lû par ordre de Monseigneur le Chancelier, *les Dialogues des Morts pour l'Education d'un Prince par feu M. de Fenelon, Archevêque de Cambray*; & j'ai crû que le Public recevroit avec empressement tous les Ouvrages d'un Auteur si illustre : Il a toujours pris soin d'unir ce qui entraîne sûrement les suffrages des connoisseurs, il se sert d'un stile noble & enjoüé pour faire triompher le bon sens & la raison, & sous les fleurs d'une éloquence vive il presente toujours de grandes veritez; & des leçons importantes : si quelquefois dans ces Dialogues il introduit des personnages vicieux, c'est avec des couleurs qui relevent le lustre des hommes vertueux qui y sont peints; il cherche à plaire, mais il veut instruire, & il n'employe ce qui est agréable que pour mieux faire sentir ce qui peut être utile. Fait à Paris ce 15. Novembre 1716. *Signé*, DANCHET.

PRIVILEGE DU ROY.

LOUIS PAR LA GRACE DE DIEU, ROY DE FRANCE ET DE NAVARRE: A nos amez & feaux Conseillers, les Gens tenans nos Cours de Parlement, Maîtres des Requêtes ordinaires de notre Hôtel, Grand Conseil, Prevôt de Paris, Baillifs, Sénéchaux, leurs Lieutenans Civils, & autres nos Justiciers qu'il appartiendra, SALUT. Notre cher & bien amé le Sieur Marquis DE FENELON, Nous a fait remontrer qu'il auroit dessein de faire imprimer quelques Ouvrages qui se sont trouvez parmi les Manuscrits du feu Sieur Archevêque de Cambray son Oncle, qui ont pour titre: *Les Avantures de Telemaque, Fils d'Ulysse; avec des Dialogues sur l'Eloquence en général, & sur celle de la Chaire en particulier; & une Lettre écrite à l'Académie Françoise*; AVEC DE NOUVEAUX DIALOGUES DES MORTS; ET DES CONTES ET FABLES POUR L'EDUCATION D'UN PRINCE; dont partie a déja été imprimée. Mais comme le nom de l'Auteur, & ses Ouvrages ont acquis une grande réputation dans le Public, l'Exposant a lieu de craindre que d'autres n'entreprennent de faire imprimer ou contrefaire quelques-uns desdits Ouvrages, en tout & ou en partie, même sur des Copies tronquées, ou peu exactes ; ce qui lui causeroit, ou à ceux qui auront droit de lui, un préjudice très-considérable, & l'empêcheroit de donner au Public les belles Editions qu'il prépare desdits Ouvrages : C'est pourquoi il Nous a très-humblement fait supplier de vouloir bien lui accorder nos Lettres de Privilege sur ce necessaires. A CES CAUSES, voulant favorablement traiter ledit Sieur Marquis DE FENELON, & lui donner des marques de notre reconnnoissance de son zéle à procurer au Public des Editions exactes des Ouvrages dudit Sieur Archevêque de Cambray, Nous lui avons permis & permettons par ces Presentes, de faire imprimer tous lesdits Ouvrages dudit Auteur énoncez ci-dessus, en autant de volumes, en telle, forme, marge, caracteres, conjointement ou séparement & autant de fois que bon lui ſemblera, & de les faire vendre & débiter par tout notre Royaume, Pays, Terres, & Seigneuries de notre obéïſſance, pendant le tems & eſpace de quinze années conſecutives, à compter du jour de la date deſdites Préſentes. FAISONS déſenſes à toutes ſortes de perſonnes de quelque qualité & condition qu'elles ſoient, d'en introduire d'impreſſion étrangere dans aucun lieu de notre obéïſſance; & à tous Libraires, Imprimeurs, & autres, d'imprimer, faire imprimer, vendre faire vendre, débiter, ni contrefaire aucun deſdits Ouvrages ci-deſſus expliquez, en tout, ni en partie, ni d'en faire aucuns extraits, ſous quelque prétexte que ce ſoit, d'augmentation, correction, changement de titre, ou autrement, ſans la permiſſion expreſſe & par écrit dudit Sieur Expoſant, ou de ceux qui auront droit de lui; à peine de confiſcation des Exemplaires contrefaits, de ſix mille livres d'amende contre chacun des contrevenans, dont un tiers à Nous, un tiers à l'Hôtel-Dieu de Paris, l'autre tiers audit Sieur Expoſant, & de tous dépens, dommages & interêts : A la charge que ces Presentes seront enregistrées tout au long sur le Registre de la Communauté des Imprimeurs & Libraires de Paris, & ce dans trois mois de la datte d'icelles : Que l'impression desdits Livres sera faite dans notre Royaume, & non ailleurs, en bon papier, & en beaux caracteres, conformément aux Réglemens de la Librairie ; & qu'avant que de l'exposer en vente, il en sera mis deux Exemplaires de chacun dans notre Bibliotheque publique, un dans celle de notre Château du Louvre, & un dans celle de notre très-cher & feal Chevalier, Chancelier de France le Sieur DAGUESSEAU ; le tout à peine de nullité des Presentes. DU CONTENU desquelles vous mandons & enjoignons de faire joüir ledit Sieur Exposant, ou ses ayans cause, pleinement & paisiblement, sans souffrir qu'il leur soit fait aucun trouble ou empêchement: VOULONS que la Copie desdites Présentes, qui sera imprimée au commencement ou à la fin desdits Livres, soit tenuë pour dûëment signifiée ; & qu'aux Copies collationnées par l'un de nos amez & feaux Conseillers & Secretaires, soi soit ajoutée comme à l'original. COMMANDONS au premier notre Huissier ou Sergent de faire pour l'execution d'icelles tous Actes requis & necessaires sans demander autre permission, & nonobstant Clameur de Haro, Charte Normande, & Lettres à ce contraires; CAR tel est notre plaisir. DONNE' à Paris le sixiéme jour du mois d'Avril, l'an de grace mil sept cens dix-sept, & de notre Regne le deuxiéme. Par le Roi en son Conseil, FOUQUET.

Et ledit Sieur Marquis DE FENELON a cedé le present Privilege aux Sieurs FLORENTIN DELAULNE, & JACQUES ESTIENNE, Libraires-Imprimeurs, pour en joüir en son lieu & place. Fait à Paris le 7. Avril 1717.

Registré le present Privilege, ensemble la Cession ci-dessus sur le Registre No 4. de la Communauté des Libraires & Imprimeurs de Paris, page 130. No 157. conformément aux Reglemens, & notamment à l'Arrêt du Conseil du 13. Août 1703. A Paris ce 7. Avril 1717.

Signé, DELAULNE, *Syndic.*

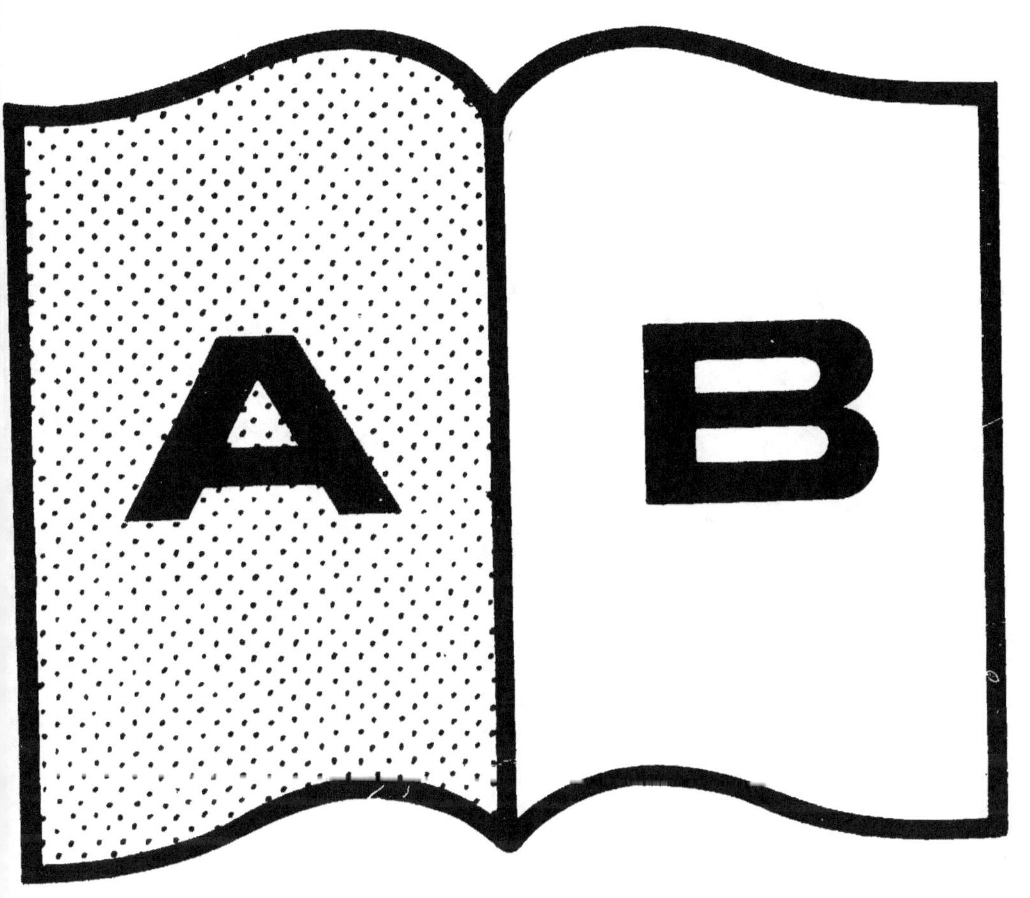

Contraste insuffisant

NF Z 43-120-14

www.ingramcontent.com/pod-product-compliance
Lightning Source LLC
Chambersburg PA
CBHW050903230426
43666CB00010B/2010

* 9 7 8 2 0 1 2 1 9 6 2 7 8 *